量子轉識的科學

頭腦・意識・佛

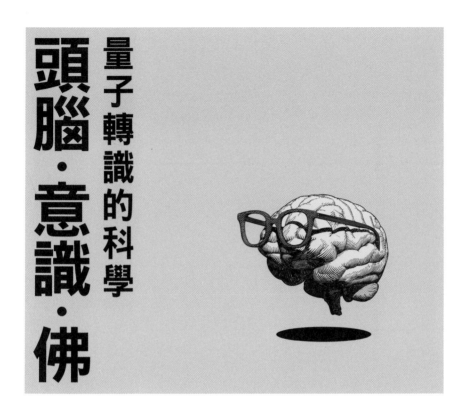

抗癌
名醫 **陳慕純** 理學
博士 **孫崇發** 著

目次 contents

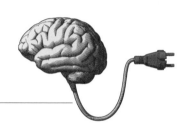

導讀

　　這本書可以說是跨領域的著作，將腦神經學（腦科學）、意識學與佛法連結，也可以說是創舉。尤其意識學是連結的橋樑，也是爭論最多、突破最多、奇蹟最多的領域。

　　神經學是相當專業的領域，非此領域的讀者可能會覺得艱深難懂；因此有關腦神經的內容，儘量用解剖圖表示，讓讀者能一目了然，能輕鬆閱讀。

　　涉及意識的內容相當多，理論部分，有學者認為意識是頭腦的產物，有學者認為意識獨立於頭腦之外，甚至是來自宇宙。在本書中，有詳細的解說。

　　西方名學者 David Hawkins 將意識分為三個等級（Levels），跟佛法的意識等級（十法界），能夠相當

的吻合，這是本書創見的精華之一。

　　佛法的意識分為前五識（眼耳鼻舌身）、第六識
（意）、第七識（末那識）、第八識（阿賴耶識）。前
五識與第六識，有相關神經學解剖生理的說明，第七識
屬於潛意識，由於有各種現象，包括夢、靈魂出體、催
眠（前世今生）、量子療癒等現象，再加上近年來量子
力學的發展，Roger Penrose 認為頭腦有量子現象，稱為
量子腦。本書對於其理論有精彩的敘述。

　　第七識的量子腦具有療癒作用，稱為量子療癒，我
們敘述 Anita Moorjani 的故事，是相當引人入勝的奇蹟。

　　量子腦的運作，主要由自於松果體，又稱為第三眼，
其生理功能的研究，是當前熱門的話題。松果體是由連

結第七識（量子腦）與第八識（宇宙資訊）的橋樑，感謝李嗣涔教授傑出的研究，認為透過撓場，可以解釋這些所謂超自然的現象。

我們也談及通行靈界（宇宙信息）的幾位神奇人物，包括 Emanuel Swedenborg、出口王仁三郎與 Nostradamus，有興趣的讀者可參閱其著作。

接著我們用熵（Entropy）來解說宇宙現象與生命現象。利用這原理，談及意識的修鍊：不執著，不對立與圓融，用於提升意識等級。接著用量子轉識，來解說佛法所謂的轉識成智。

我們兩位作者，前後花兩年的時間，探討這些問題。我們盡量用圖表與淺顯易懂的文字來解說，希望讀者們

能容易瞭解其內涵。

　　感謝潘劭真小姐與聯合文學林劭璜小姐，為本書精心編輯，陳淑萍牙醫師與朱麗娟小姐的鼓勵與協助，聯合文學周昭翡總編輯大力支持，孫夫人吳雪穎小姐與內人李蘆鷥小姐的耐心與鼓勵，在此一併致謝。

　　希望讀者們會喜歡這本跨領域的創見著作。讓我們一起探討這個充滿奇蹟的領域。

謹識

第 **1** 章

頭腦

1-1　頭腦的結構

　　人類的頭腦分為四個主要部分：右腦、左腦、腦幹和小腦。大腦是思考和記憶的中心，覆蓋在大腦半球表面的是大腦新皮質，這裡有許多神經細胞負責傳遞訊號和指揮身體動作。大腦皮質內部有神經纖維束，稱為髓質（白質）。

　　大腦新皮質分為四個區域，各有不同功能：
◎額葉：負責運動、注意力、思考、創造力和語言。
◎頂葉：負責身體感覺和理解。
◎顳葉：負責聽覺和語言。
◎枕葉：負責視覺和影像處理。

　　大腦新皮質內部還有基底神經節、視丘、下視丘和
邊緣系統。基底神經節負責感覺、思考和動作的整合；
視丘負責感覺；下視丘負責自律神經和內分泌；邊緣系
統負責情緒。

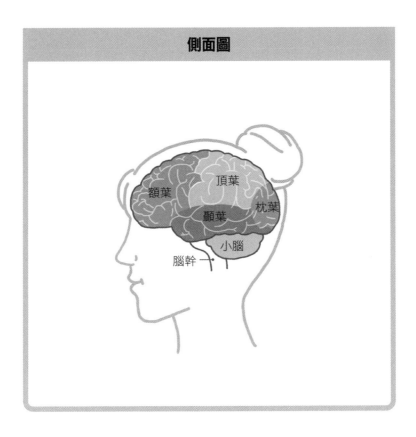

側面圖

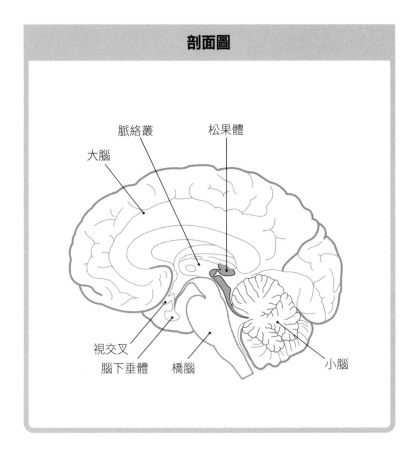

剖面圖

脈絡叢

松果體

大腦

視交叉

腦下垂體　橋腦

小腦

簡圖

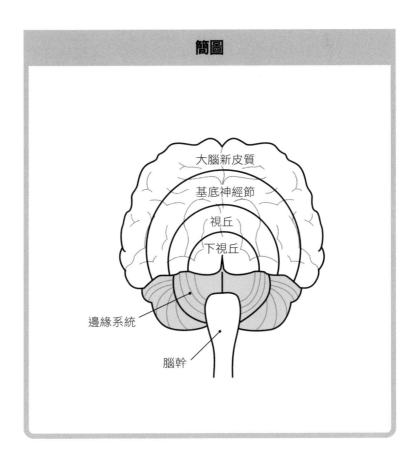

大腦新皮質

基底神經節

視丘

下視丘

邊緣系統

腦幹

1-2 邊緣系統（Limbic System）：掌管情緒

邊緣系統包括：扣帶回、海馬旁回、海馬、扁桃核。

（1）扣帶回：掌管心情（Mood），注意力與觀念的移轉。

（2）海馬：掌管記憶（Memory）。

（3）扁桃核：掌管恐懼（Fear），決定好惡。

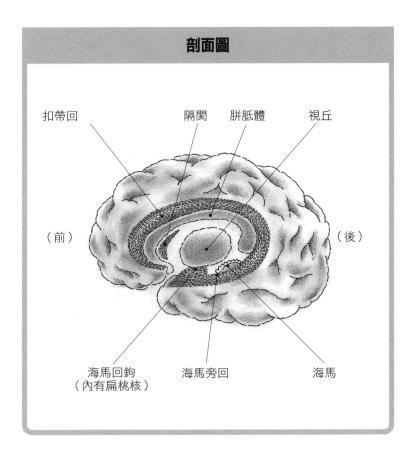

剖面圖

扣帶回　　　隔閡　胼胝體　　視丘

（前）　　　　　　　　　　　　　　（後）

海馬回鉤　　海馬旁回　　海馬
（內有扁桃核）

1-3　神經細胞與突觸

　　神經細胞有樹突（Dendrite）及軸突（Axon），樹突接收軸突的突觸，釋放的神經傳遞物質（Neurotrans-mitter）為信息。

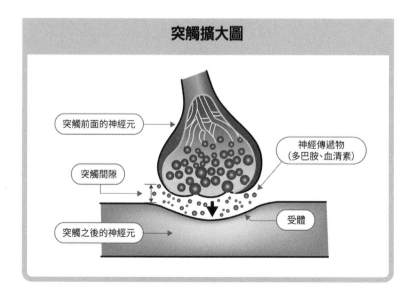

突觸擴大圖

突觸前面的神經元 →

神經傳遞物（多巴胺、血清素）

突觸間隙

突觸之後的神經元 →

受體

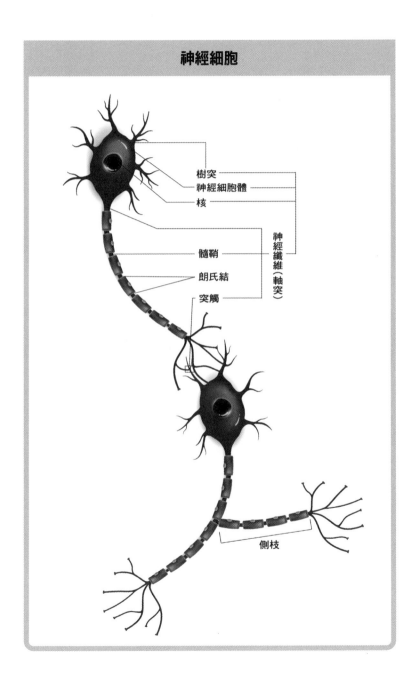

神經細胞

樹突
神經細胞體
核
髓鞘
朗氏結
突觸
神經纖維（軸突）
側枝

1-4 腦的系統功能：整體像

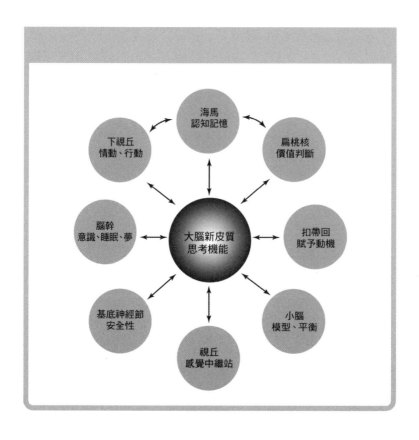

第 2 章

意識

2-1　腦科學看意識

從腦科學的角度，意識有兩個主要部分：

1. 喚醒狀態（Arousal）：

這需要兩個條件：

◎上行性網狀激化系統（Ascending Reticular Activating System；ARAS）功能正常：這個系統讓感覺刺激能夠喚醒我們。如果 ARAS 受損，我們會昏迷不醒。

◎大腦皮質與 ARAS 有正常聯繫；大腦皮質功能的正常運作，需要下皮質（Subcortical）的聯繫完整；包括視丘（Thalamus）與 ARAS。

2. 意識的內涵：

◎粗意識（Crude Consciousness）：當意識受損但未至昏迷，病人仍能表現出一些本能和簡單的行為。

◎細緻意識（Subtle Consciousness）：大腦皮質和下皮質區域正常運作，包括認知、知覺、情緒和記憶。

2-2　頭腦與意識的關係

目前對於頭腦和意識的關係仍處於爭論狀態。有兩種主要觀點：

1. 意識是頭腦的產物：

◎諾貝爾獎得主弗朗西斯・克里克（Francis Crick）認為意識是神經活動的產物。

◎傑拉爾德・艾德爾曼（Gerald Edelman）認為意識是一種生物現象，提出「神經達爾文主義」，用達爾文演化論解釋意識的演化。

2. 全像宇宙投影：

◎這種觀點認為宇宙是由能量波動組成，存儲在高

維度空間的數據庫中。大腦是接收並處理這些數據，將其轉換成我們的現實經驗。

◎斯圖亞特・哈默羅夫（Stuart Hameroff）和羅杰・彭羅斯（Roger Penrose）提出「量子微管」理論，認為意識活動來自於腦細胞微管的量子引力效應。這些微管內存在著靈魂，大腦則是意識的接收和轉換器。（以後我們在「量子腦」〔第 5 章・第七識〕會詳細說明。）

2-3 意識等級
（David R. Hawkins）

Hawkins 將意識分為 3 個等級（Levels），雖然人類意識的能量十分精微，還是可以測量。Hawkins 將此意識能量等級，測量值用對數表示由 0 到 1,000。目前全球人口只有 15% 的人，意識達到臨界等級 200 以上。

（I）意識等級：自我（Ego）

　　1、**羞恥**（Shame）**絕望**（Despair）

　　　　● 對自己及他人都殘忍

　　　　● 充滿負面能量，臨近死亡

　　2、**內疚**（Guilt）

　　　　● 罪惡感，無法原諒自己

　　　　● 自殺傾向

3、**冷漠**（Apathy）

- 漠不關心，能量低
- 無助感
- 淪為遊民

4、**悲傷**（Grief）

- 失落感
- 感傷過往

5、**恐懼**（Fear）

- 認為世界危險，有生命威脅
- 有感染性，產生妄想（Paranoia）

6、**慾望**（Desire）

- 追逐更多財富、名譽、權力
- 貪得無厭
- 容易嫉妒、挫折

7、**憤怒**（Anger）

- 過度敏感、躁動
- 攻擊性

8、**驕傲**（Pride）

- 自我膨脹

● 輕視他人

（II）意識等級：線性心智（Linear Mind）

　9、**勇氣**（Courage）

　　● 挑戰、興奮、刺激

　　● 有信心，但仍然有負面情緒

　　● 前進的生命力

10、**中立**（Neutrality）〔用「**自在**」較好〕

　　● 彈性、放鬆、非批判性（Non-judge-mental）

　　● 遇到挫折不生氣

　　● 隨遇而安、好相處

11、**意願**（Willingness）

　　● 不抱怨、無恐懼

　　● 友善合群

　　● 正面奉獻社會

12、**接納**（Acceptance）

　　● 承擔自己生命的責任

　　● 內在自我體驗的快樂

● 主動參與生命的創意與豐盛

13、**理智**（Reason）〔**用智慧**（Wisdom）**較好**〕

　　● 智慧、講理

　　● 以能力奉獻社會

（III）**意識等級：靈性**（Spiritual Reality）

14、**愛**（Love）

　　● 無條件的愛，不是浪漫的愛

　　● 超越自我慾望的存在狀態

　　● 只有 4% 達此等級

15、**喜悅**（Joy）

　　● 所有的活動皆有喜悅

　　● 順水行舟，動靜自如

16、**安詳**（Peace）

　　● 全然超越（Transcendence）

　　● 無法用文字描述

17、**開悟**（Enlightenment）

　　● 神性（Divinity）

2-4 十法界（佛法的意識等級）

　　一切宇宙中的存有稱為「法界」。佛法將這個世界的生命，區分為十種型態，稱為「十法界」。其中有四類是聖者之流，六類為輪迴的凡夫，亦即所謂的「四聖六凡」。四聖中有：佛法界、菩薩法界、緣覺法界、聲聞法界；六凡是天法界、人法界、阿修羅法界、餓鬼法界、畜生法界、地獄法界。

（I）欲界：色欲、貪欲、財欲等欲望驅動的世界。

　　1、地獄

　　　● 罪業極重：殺生、偷盜、邪淫、妄語

　　2、餓鬼

　　　● 多行慳貪、嫉妒

3、畜生

- 由貪、瞋、癡三煩惱生起各種惡業，毀罵重生，佈施不淨物，好於邪淫
- 相互吞食，心恆不安，不得自在

4、阿修羅

- 瞋心、驕慢心、疑心

5、人

- 聰明、殊勝、心意微細、正覺、智慧增上、能分別虛實、能成為聖道正器、聰慧

6、天

- 不殺生、不偷盜、不邪淫
- 自能持戒、教他持戒
- 修持自利他利

（II）色界：遠離欲界的污染，一切物質皆為清靜。但仍然執著於清靜微細的形式。

7、聲聞

- 聽聞佛陀言語聲教而證悟

- 觀察苦集滅道四諦法理
- 修習三十七道品
- 證入無餘涅槃

8、**緣覺**

- 能無師獨悟
- 好樂寂靜而不事說法教化
- 自身觀察大自然的花開花落，體悟因緣法
- 覺悟真空之理，解脫三界輪迴

（III）**無色界：無有形體，單純心意識的存在**

9、**菩薩**

- 慈悲智慧圓滿
- 成就一切自利利他二行

10、**佛**

- 圓滿了無上正覺
- 具足一切慈悲智慧
- 圓滿度化眾生

2-5 意識等級 V.S. 十法界

　　David Hawkins 的意識等級，跟佛法的十法界，相對比有相當的吻合。茲將 Hawkins 所研發意識等級對數級數跟十法界，並列如下表：

意識等級	等級對數	十法界	三界
羞恥	20	地獄	
內疚	30		
冷漠	50	餓鬼	
悲傷	75		
恐懼	100	畜生	欲界
慾望	125		
憤怒	150	阿修羅	
驕傲	175		
勇氣	200	人	
中立	250	天	
意願	310		
接納	350	聲聞	
理性	400	緣覺	色界
愛	500		
喜悅	540	菩薩	
安詳	600		無色界
開悟	1000	佛	

2-6　唯識論——佛法意識觀點

　　在佛法的觀點裡，我們如何認識這個世界，與感官和意識有關。由「眼、耳、鼻、舌、身、意」等六處，接觸「色、聲、香、味、觸、法」這六境，再加上「眼識、耳識、鼻識、舌識、身識、意識」等六識的作用，使我們得以了知萬象。

　　佛教用「十二處」來涵蓋我們的六種感官和它們所感知的六種境界，這是一種對宇宙萬象的分類方式。「處」的本意是「所進入的場所」，指的是六根：眼、耳、鼻、舌、身、意所接觸的地方；而「進入的東西」則是六根所感知的六境：色、聲、香、味、觸、法。六種根和六種境是各各對應的，每一種感官都對應一種境界，由此產生感覺和知覺。

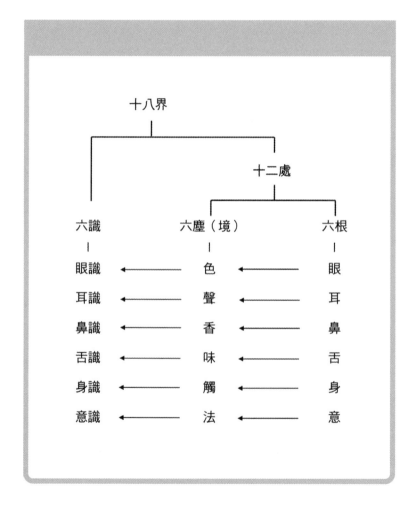

　　前述的六識再加末那識（第七識）及阿賴耶識（第八識），稱為佛學八識。末那識屬於潛意識，它跟睡眠、催眠態（Trance）、靈魂出體（OOBE）經驗有關。阿賴耶識又稱為宇宙意識（藏識、種子識），充滿能量資訊，量子物理認為是宇宙的核心，視為零點場（Zero Point Field，ZPF）。

　　由腦神經結構看，前六識用的是神經路線（突觸），第七識用的是脊髓液（水）〔假設〕，第八識用的是信息（零點場）。

	使用媒介	使用範疇
前六識	神經路線	突觸
第七識	脊髓液（水）	量子腦
第八識	信息能量	零點場（ZPF） Zero Point Field

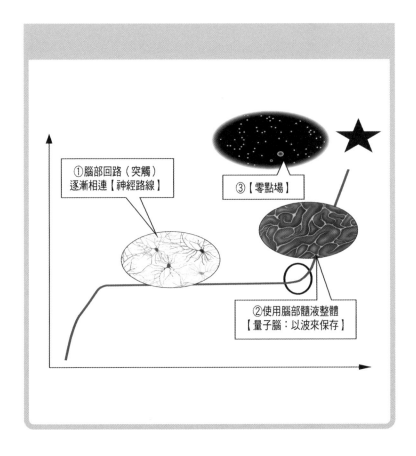

第 3 章

前五識

3-1 前五識（1）眼識的神經基礎

　　由視網膜獲得的視覺資訊，透過視神經而進入間腦。在進入腦內之前，經過了視交叉。其實並非所有視神經都交叉到對方，而是自左右眼球視網膜鼻側（內側）伸展出的視神經纖維，會交叉到對方（對側間腦）；從耳側（外側）視網膜伸展出的視神經纖維則不會交叉，而是直接進入同側的間腦。

　　進入間腦的纖維移至位於丘腦後部的外側膝狀體（Lateral Geniculate Body；LGB），此處為向大腦皮質視覺區輸送視覺資訊的中繼站。外側膝狀體乃位於丘腦後部有兩個如膝蓋骨的膨脹處，由於形狀似膝蓋骨，故名。外側膝狀體將視覺資訊移至視覺區。

　　視覺的對象並非只掌握靜止的事物，也處理動態事項，並將資訊送往頂葉。

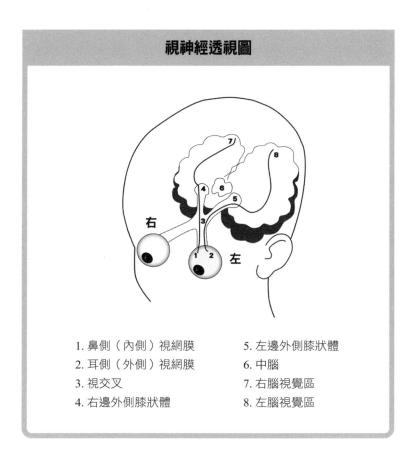

視神經透視圖

右　　　左

1. 鼻側（內側）視網膜
2. 耳側（外側）視網膜
3. 視交叉
4. 右邊外側膝狀體
5. 左邊外側膝狀體
6. 中腦
7. 右腦視覺區
8. 左腦視覺區

3-2　前五識（2）
耳識的神經基礎

　　從外界來的音波，振動鼓膜，而使振動傳入中耳，接著依中耳的三個聽小骨（包括槌骨、砧骨及鐙骨）的作用，振動幅度增加，最後傳入耳蝸。

　　耳蝸內有毛細胞，毛細胞具感覺接受器，能將振動感覺變換為電器信號（聽覺資訊）。聽覺資訊經由神經元到螺旋神經節，再延伸進入腦幹的耳蝸神經核，移至中腦背面的下丘。接著由下丘到內側膝狀體。由其他神經元移送到大腦皮質顳葉聽覺區。

　　聽覺的傳導路徑由交叉性及非交叉性神經纖維所構成，交叉性纖維的數目較多，而且右腦較擅長音樂，旋律刺激左耳的效果比較好。

耳朵透視圖

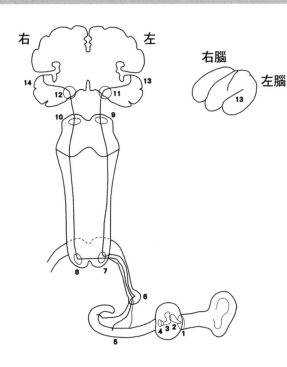

1. 鼓膜
2. 槌骨
3. 砧骨
4. 鐙骨
5. 耳蝸
6. 螺旋神經節
7. 左耳蝸神經核
8. 右耳蝸神經核
9. 左下丘
10. 右下丘
11. 左內側膝狀體
12. 右內側膝狀體
13. 左聽覺區
14. 右聽覺區

3-3 前五識（３）鼻識的神經基礎

　　嗅覺是因為，鼻腔最上部的黏膜的嗅上皮，裡面存在著嗅細胞、支持細胞和鮑曼氏腺（嗅腺）。

　　鮑曼氏腺所分泌的黏液，覆蓋嗅上皮的表面，嗅細胞上的嗅毛（olfactory hairs）埋在黏液中。而空氣中的氣味物質，融入黏液和嗅毛的感受器，結合而產生嗅覺。

　　自然界有二萬種以上的氣味物質，其分子的立體結構，和嗅毛的感受器構造一致時，就會刺激嗅毛而發出信號，然後經過嗅球中的神經迴路，其處理的氣味情報，經過嗅徑（olfactory tract）到達大腦邊緣系統，和額葉嗅覺中樞，感覺到氣味。

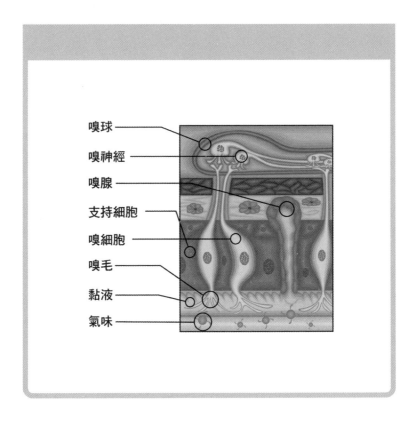

嗅球

嗅神經

嗅腺

支持細胞

嗅細胞

嗅毛

黏液

氣味

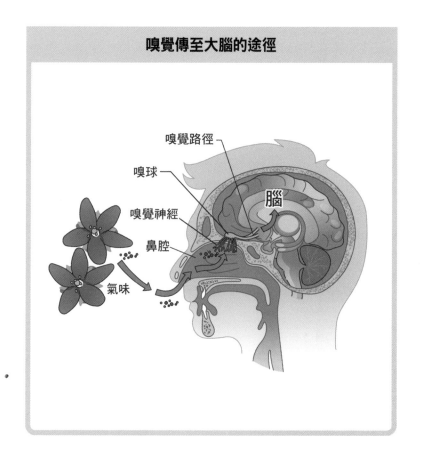

嗅覺傳至大腦的途徑

嗅覺路徑

嗅球

嗅覺神經

鼻腔

腦

氣味

3-4　前五識（4）舌識的神經基礎

　　味覺怎麼產生的？舌頭的黏膜，有四個舌乳頭（lingual papillae），其中一部分含有味蕾（taste buds），在軟齶（soft palate）、咽（pharynx）、會厭（epiglottis）和食道上方，也有少許味蕾。

　　味蕾位於黏膜上皮，呈紡錘狀，前端有味孔（gustatory pore）和口腔相通。一個味蕾含有三十至八十個味細胞，味細胞的前端有味毛，味毛上的細胞膜感受器能接受味道，並將味覺的刺激，傳到味覺神經。傳遞味覺的神經，在舌前三分之二，是顏面神經的分歧，稱為鼓索神經，在舌後三分之一是舌咽神經，能將味覺傳到額葉，和頂葉的下端味覺區，產生味道的感覺。

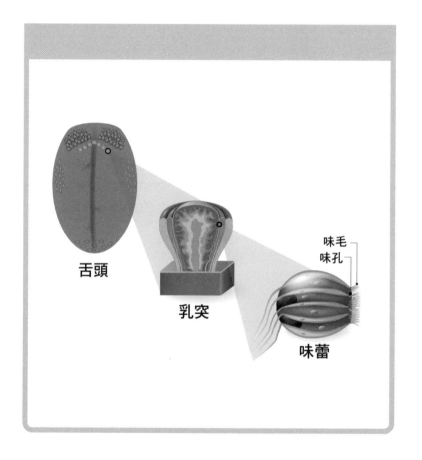

舌頭

乳突

味毛
味孔

味蕾

味覺傳至大腦的途徑

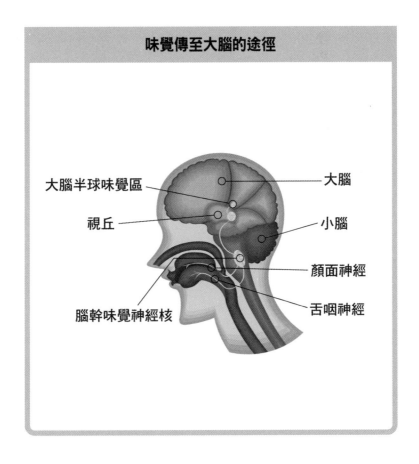

大腦半球味覺區

視丘

腦幹味覺神經核

大腦

小腦

顏面神經

舌咽神經

3-5   前五識（5）
身識的神經基礎

　　觸覺可分為粗糙觸覺與細微觸覺。前者是接觸部位不太明確，觸感粗糙，例如手臂、大腿等，一般都是有體毛部分的感覺。後者是接觸點非常明確，倘若接觸點有兩處，亦可判斷其距離，例如手掌、嘴等無體毛部分的感覺。因此後者的觸覺可說是較高級的觸覺。

　　這兩種觸覺是經由兩種不同的路徑，以丘腦為中繼站，由此傳送到大腦皮質的體性感覺區。

　　高級的觸覺（微細觸覺）由皮膚傳送資訊的神經纖維，經由脊椎後方的白質（後索）進入，往延腦上行，接著在延腦下部的後索核更換神經元，交叉到對側，形成袖珍型的帶狀纖維束（內側毛帶），再往丘腦上行，由此又更換神經元，將資訊送往體性感覺區，藉此意識到感覺。

　　我們是在無意識中巧妙地利用觸覺進行各種作業。倘若體性感覺區受損，則無法辨識刺激加在身體上哪個部位。

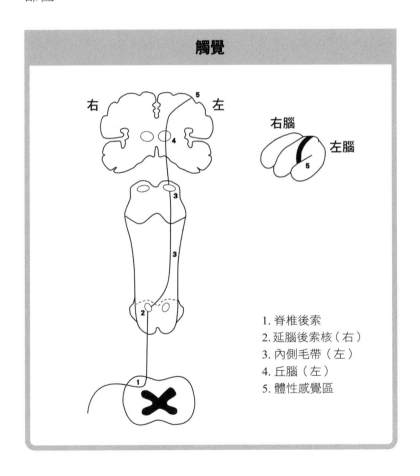

觸覺

1. 脊椎後索
2. 延腦後索核（右）
3. 內側毛帶（左）
4. 丘腦（左）
5. 體性感覺區

3-6　前五識運作中心──下視丘

　　前五識的感覺器官，用於接受外界的訊息，傳至中樞神經，主要的目的是維持生命力的運作，其運行的中心為下視丘（Hypothalamus）。

　　下視丘屬於間腦的腦組織，有合成和分泌調節各種神經激素的神經核團，參與調節機體代謝、自主神經系統活動；也是調節內臟活動、內分泌功能和情緒行為等的中樞。

　　下視丘位於腦的底部，具調節體溫、血糖，脂肪代謝、水與電解質平衡、攝食習慣、睡眠、性行為、情緒、荷爾蒙、自律神經的調整。

　　下視丘可以視為生命力調控中心，也是慾望啟動的中心。

簡圖

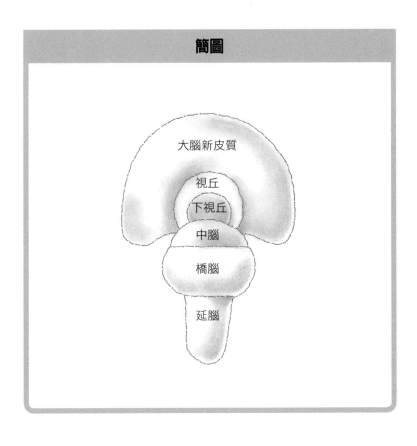

大腦新皮質

視丘

下視丘

中腦

橋腦

延腦

	使用媒介	使用範疇	三界	運作中心
前五識	神經路線	突觸	欲界	下視丘（生命力）
第六識	神經路線	突觸	欲界	前額葉（專注力）
第七識（末那識）	脊髓液（水）	量子腦	色界	松果體（直覺力）
第八識（阿賴耶識）	信息能量	零點場	無色界	

第 **4** 章

第六識

4-1　第六識（意識）──專注力

　　專注力是整個心智系統的引擎，是整個心智系統運作的關鍵因素。專注力遍及生活所有的層面。有些時候我們過得很輕鬆，但有些時候卻過得很辛苦。我們可能在前一個時刻，覺得關愛、慷慨、喜悅，但是下一刻卻覺得煩燥、敵意與冷漠。上午我們可能感到對問題的無能為力，但是到了下午，卻感到那問題無關緊要，將它拋到九霄雲外。身體某部位疼痛，在某一個時間痛到極點，然而轉瞬間，卻好像消失了。

　　這些改變到底是如何造成的呢？最基本的原因在於即時改變專注的形式。專注力形式的改變，是每日生活中隨時隨地伴隨著人們，只是我們沒有覺察到自己專注力的改變。改變專注的方式，也就是人們如何塑造並且

引導人們的意識，在生活中是相當重要的角色，但是卻未被充分認知。

選擇專注的方式與方向是非常重要的，某些專注的方式，可以迅速轉變情緒，甚至減少情緒上的壓力，某些專注的方式，可以減輕身體的疼痛。例如，人們在看電影或度假時，得到樂趣或放鬆，乃因為這些活動改變人們專注的方式。度假時，人們往往選擇開闊的自然環境，擴張了注意力，涵蓋了各種感官的意識，包括天空、草原、樹林、花草或海洋等。讓人們不再狹隘地聚焦於業績、升遷、財務、人際壓力等。

當我們專注於一種僵硬、費力而且緊張的方式時，對我們整個身心系統都會造成壓力，我們往往會透過焦慮、憤怒、恐懼、僵硬、費力與抗拒的方式，因而過度反應。當我們專注於一種有彈性的方式時，會比較開放、舒適、健康、更具活力與創意，增添接受度、容忍度、彈性、同理心與持續力，增加對壓力的適應力。

關於透過專注力而改善我們的身心健康與福祉，必須釐清一個要點，問題不在於人們要專注於「什麼」，更重要的是，我們要「如何」專注，「如何」形成並且

引導我們的意識，以及「如何」持續某種選定的專注形式。我們受限於專注的模式，不知道將我們圍住的牆是怎麼造成的，也不知道要如何使它消失。我們知道牆是自己構築的，並且認為那些牆的形成是來自我們認知的內容，例如發生在我們身上的某些事情，或者出於一些外在的因素，從而卡在一個不斷檢視問題的內容以尋找解答的過程中，一直找不到出路。此等將我們圍住的牆，其實來自於專注模式的選擇。

〔解說：佛法第六識稱為意識，跟廣泛的意識不同，請讀者注意。〕

4-2　狹隘專注與開放專注

　　首先檢視對準目標的模式。非洲大草原上，一群老虎躺在草坡上，半睡半醒，肌肉放鬆，呼吸緩慢，沐浴在溫暖的陽光中。然而，當一群漫遊的羚羊映入牠們的眼簾時，好幾頭老虎站了起來。然而唯有當老虎注意到其中一頭羚羊似乎受傷時，才出現真正的改變。突然間，老虎岸然不動，目不轉睛地瞪著那隻瞪羚，周遭的一切，包括其他羚羊，全都被拋到腦後。老虎只聽到那隻羚羊的叫聲、注視到那隻羚羊的動作，其他甚麼都聽不到、看不到。老虎的注意力，由一種放鬆、分散的形式，轉變成一種集中、單點的視覺聚焦，肌肉緊繃、心跳與呼吸的頻率也加速，成為發動狩獵的姿態。

　　老虎的狩獵的專注形式為「狹隘目標」的專注或聚

焦，而大多數人們在不自覺的情況下，大部分的時間都以這種方式，投注於自己內在與外在的世界。狹隘目標的專注是將焦點集中於一件或少數幾件重要的事物，使它們成為前景，而忽略其他的事物，並且將它們推拒到背景處。既然狹隘目標的專注，有如虎視耽耽凝視目標，為方便起見，取名為「虎視」。

　　當捕獲獵物後，老虎就不需要聚焦於狹隘的目標（羚羊），持續的虎視會耗損更多的體力。此時，老虎的專注力自狹隘焦點脫離，啟動不再強烈區分目標與背景的分散專注。或許那群羚羊依然留在原處，老虎現在看到了牠們全部，也看到了地面上其他的要素，乃因為牠的專注已經由緊急作用轉移了。老虎的交感神經系統平靜下來，轉移到多重感官的意識，再次感覺到背上溫暖的陽光，也聞到周遭的氣味，以及聽到周遭的聲音。肌肉也放鬆了，心跳與呼吸慢了下來，血流也重新分配，身體恢復了輕鬆。

　　如此專注的轉變，將虎視的專注鬆弛，迅速地開放專注力的範圍，如同擴大了空間，開放了其他的感官。

就像地面（平面）上的鳥兒，飛上天空，進入立體的三度空間，當鳥兒俯瞰地面時，可將地面上的各種要素映入眼裡，同時亦能感覺空中的陽光溫度、風聲等。如此開放焦點的專注，較具有彈性、持續力，而較不耗損體力，同樣為方便起見，將之取名為「鳥瞰」，靈修者稱之為覺知（Awareness），亦稱為全方位專注。專注力即俗稱的心眼（Mind's eye），狹隘的專注力即為「狹隘心眼」；開放的專注力即為「開放心眼」。

狹隘目標的專注 — 虎視

開放焦點的專注 — 鳥瞰

	狹隘專注	開放專注
對準目標模式	單一或少數目標	目標分散
背景	只注意目標 完全不顧背景	目標與背景混合 界線不清
性格取向	封閉的 排他的 緊張的 固執的 自私的	開放的 包容的 輕鬆的 彈性的 同理心的
啟動自律神經	交感神經系統	副交感神經系統
對身心影響	負面情緒 頭痛、肩頸僵硬 失眠 注意力不集中 唾液減少、口乾舌燥 心跳加速 大腸急躁症 胃食道逆流 膀胱焦慮症 換氣過度	正面情緒 正面感受敏銳 心靈平靜自在 想像力增進 創造力增進 增加學習樂趣 心流體驗 啟動自癒力 減輕疼痛

4-3　前額葉──第六識（意識）運作中心

　　前額葉位於大腦前方，掌管理性、思考、情緒、欲望等最具人性的部分，也是人類大腦比其他動物發達的部位。就算察覺到恐怖與危險，也不是每個人都會攻擊對方。因為我們雖然覺得憤怒或不舒服、生氣，也有辦法壓抑反抗的衝動。

　　前額葉的功能包括：

● 專注力

● 思考，判斷

● 意志力、控制行動

● 控制情緒

● 溝通

● 做出決策

　　然而人類的意志力——前額葉的功能，並不那麼值得信賴。無論一個人覺得自己的意念有多堅強，堅信自己能靠意志力壓抑憤怒，它仍然是種很容易瓦解的東西。例如，在睡眠不足或是飲酒的狀態下，都會使額葉的功能下降，導致判斷力變得遲鈍、堅強的意志力無法發揮作用。

　　可能導致前額葉皮質功能變差的原因，除了飲酒與睡眠不足之外，還包括身體狀況不佳、吸毒與大腦老化等。一般提到大腦老化，都會和記憶力衰退聯想在一起，但現在已經發現，比起掌管記憶的「海馬迴」，前額葉皮質因老化而萎縮的時間更早。

　　人們前額葉比其他腦葉更容易受老化影響。前額葉是抑制怒氣、理解對方的心情與想法、決定自我行動等掌管理性的部位。有時候，我們會看到正如「暴走老人」這個詞所形容的，有些長者無法控制自己的情緒與行動，常為了一點事就大發雷霆、稍有不悅便破口大罵，這都是因為發揮剎車作用的前額葉萎縮的

緣故，使得他們控制感情的功能變差，情緒外露的門檻也變低。

　　「越老越頑固」，是因為他們越來覺得，就算不聽別人的話，也沒什麼好丟臉的；換言之，與其說這些人執著於自己的思考，不如說他們傾聽的功能變差。

第**5**章

第七識

5-1　睡眠──進入潛意識（第七識）

　　睡眠的定義是：由於腦的功能活動而引起動物生理性活動低下，給予適當刺激可使之完全清醒的狀態。然而這樣的定義並不完善，譬如「生理性活動低下」並不完全正確，因為睡眠時，消化液的分泌、胃腸的蠕動、生長激素的分泌等生理活動比清醒時還要活躍。

　　在我們日常生活裡，睡眠所占的比率非常大，如果一日睡眠 8 小時，則表示睡眠占了人生的 3 分之 1。有人認為那不是會浪費嗎？這種觀點是不正確的。睡眠是維持生命所必需的生理機能。

　　依腦波研究，在安靜、輕鬆、閉眼時，腦波會出現 10Hz 前後的振幅為 $50\mu V$ 的阿爾發（α）波。眼睛開著做某件事時，也就是清醒、警戒時，會出更快的波 13～30Hz，而振幅小（10～$20\mu V$）的腦波，稱為貝塔（β）波。

　　阿爾發波及貝塔波為清醒時的腦波，當愈來愈想睡眠時，阿爾發波的振幅會逐漸減少，接著會呈現低振幅的席塔（ θ ）波，其頻率為 4 ～ 8Hz。（第 I 期）

　　接著的階段為第 II 期，會出現所謂的睡眠紡錘，為較具特徵性的波形（13 ～ 15Hz）。接著第 III 期為中等度睡眠期，出現 2Hz 以下的徐波。

　　更進一步的深睡眠期（第 IV 期），是較大振幅的戴爾塔（ δ ）波。

腦波	頻率（Hz）	心理狀態
貝塔（β）波	13~30	清醒、警戒、推理
阿爾發（α）波	8~13	安靜、輕鬆、愉快、專注
席塔（θ）波	4~8	淺睡、睏倦
戴爾塔（δ）波	0.5 ～ 4	熟睡、無意識

　　睡眠過程中，會呈現與貝塔（ β ）波相似的低振幅波，此種出現清醒時腦波的睡眠，稱為快速動眼睡眠（Rapid Eye Movement；REM 睡眠）。在 REM 睡眠，會出現急速眼球運動。將 REM 睡眠以外的睡眠，總稱為非快速動眼睡眠（NREM 睡眠）。

清醒		
貝塔（β）波	~~~~~~~~	興奮狀態出現的腦波。
阿爾發（α）波	~~~~~~~~	放鬆（靜心或禪坐）中的腦波。
昏昏沉沉睡眠		
席塔（θ）波	~~~~~~~~	入眠幻覺夢、夢想或現實的延長夢出現。白日夢時也與此腦波類似。
NREM 睡眠		
戴爾塔（δ）波	~~~~~~~~	做夢比率不清楚，大約10% 左右。
REM 睡眠		
似貝塔（β）波	~~~~~~~~	約 70% 的人表示做夢。

5-2 夢：潛意識的活動

　　一生中睡眠幾乎占據我們生命 1/3 以上的時間，假如活了 60 歲，總共有 20 年在睡覺。試想，為什麼我們要花這麼長的時間在一個看似沒有作用的睡眠行為上？

　　事實上，睡眠一定有它的功能，但是為什麼需要睡眠？睡眠的功能是什麼？目前有許多研究睡眠的學者提出關於睡眠功能的假說和驗證。這些研究的發現都是部分功能而已，無法完全得知睡眠真正完整的功能。

　　睡眠不單只是一種行為，它其實是一種基本的生理需求，跟人們會飢餓、口渴一樣，屬於生物體維持生存及生命必須的生理狀態。我們都有這樣的經驗：當前一晚熬夜後，隔天就很想補眠，這是無法抗拒的。科學家做實驗將一隻大白鼠完全的睡眠剝奪，將會造成這隻老

鼠死亡，證明睡眠是生存中一項非常重要、不可或缺的行為，也是維持生存的必要生理狀態。

睡眠的行為學上定義是：「一種可逆的行為狀態，在睡眠時感官脫離對於環境的刺激，且反應變得遲鈍。」雖然這個定義不太完整，但我們可以知道在睡眠時，感官的刺激和大腦是脫離的，就意識層面來看是進入另外一層的意識層面，潛意識或第七意識。

睡著時發生了什麼事？睡眠各階段的生理狀態：

睡眠主要可以分成兩種不同的類型，第一種稱作「快速動眼期睡眠」（rapid eye movement sleep, REM sleep），另一個階段則是「非快速動眼期睡眠」（non-rapid eye movement sleep, NREM sleep）。

非快速動眼期睡眠由淺層睡眠到深層睡眠分別為 N-1、N-2、N-3 三個階段，其中深層睡眠 N-3 階段也被稱為慢波睡眠（slow wave sleep）。

睡眠結構主要如圖所示（請見 5-1），正常人從清醒階段進入睡眠，一定是進到非快速動眼睡眠（NREM）的 N-1 階段，不會直接進入快速動眼睡眠。

N-2 階段占整體睡眠的比例最多，大約是 45 ～

60%，所以此階段又被稱為基礎睡眠（baseline of sleep）。之後就進入深層睡眠的 N-3 階段。

N-3 階段的睡眠難以被喚醒，維持約 15 ~30 分鐘後就會回復到 N-2 階段，接著進入快速動眼期睡眠（REM），形成一個睡眠週期（sleep cycle）。

每一個睡眠週期大約 90 分鐘，整個八小時的睡眠大約會歷經 4 ~ 6 個週期，前兩個週期（大約剛入眠的前三個小時）會進入到 N-3 階段，而後面幾個週期主要是由 N-2 以及快速動眼睡眠（REM）構成，兩者的比例會在清晨時段增加。

人體在各睡眠階段呈現出的生理現象皆不相同，在清醒階段主要呈現非同步化的腦波（desynchronized electroencephalograms, EEGs），由高頻率、低震幅的 β 波（13 ~ 30 赫茲，Hz）及 α 波（8 ~ 13 Hz）主導，此時的呼吸速率、心跳、血壓等生理數值都較高，肌肉張力較大。

睡眠 N-1 的腦波是由頻率較慢的 α 波（8 ~ 13 Hz）組成，在這個階段的腦波頻率、呼吸速率、心跳、血壓、肌肉張力都會隨著逐漸減低，處於放鬆狀態。

　　進入 N-2 階段時，腦波是由較慢一點的 θ 波（4～8 Hz）組成，但在 N-2 腦波會出現 13 Hz 的睡眠紡錘波（sleep spindle）與記憶固化（memory consolidation）及記憶活化（memory reactivation）有關。

　　在 N-3 的慢波睡眠中會呈現同步化的腦波（synchronized EEGs），主要是由低頻率、高震幅的 δ 波（0.5～4Hz）主導，腦波頻率、呼吸速率、心跳、血壓、肌肉張力都降到最低，但是肌肉張力仍然存在。

　　進入到快速動眼睡眠階段時則是以 α 波和 β 波為主，此時的呼吸速率、心跳、血壓都上升，腦波會與清醒時類似，但是肌肉張力會完全消失（muscle atonia），因為腦部處於高度活化的狀態，所以這個階段又被稱作矛盾睡眠（paradoxical sleep）或活化狀態下的睡眠（active sleep）。

　　綜上所述，非快速動眼睡眠（NREM）可能與記憶固化和記憶活化有關，也與疲勞和能量的恢復有關。快速動眼睡眠（REM）則可能與記憶固化有關。

　　睡眠所需的時間通常會隨著年紀增加而減少。而且嬰兒在快速動眼睡眠的比例占一半或甚至一半以上，可

見快速動眼睡眠對剛出生的嬰兒相當重要，主要的原因是這個階段嬰兒的腦部神經系統還沒有完全連結、建立，所以快速動眼期的睡眠可以幫忙腦部建立這些神經路線。

睡眠週期包含快速動眼及非快速動眼，正常週期會由非快速動眼第一期循序進入第二期、第三期，之後再回到快速動眼並再循環，至於睡眠深度則先由淺入深再回到淺度睡眠。

當處於深層睡眠時，身體會進行自我修復，並將記憶整合至長期記憶中儲存，但若缺乏快速動眼睡眠可能導致記憶力衰退及認知能力下降，還可能導致慢性病、心血管疾病甚至早逝。

睡眠有哪些重要的功能？

深層睡眠有助於生長激素分泌、免疫系統維護、會將大腦代謝毒素排除。

1. 分泌生長激素，修復身體功能：睡眠是在修復白天身體系統的耗損。但是睡眠時身體各器官、

系統仍持續運作，有些部分甚至比清醒時還更活躍；另外，整體的蛋白質合成量並不會因為睡眠而增高。

2. 睡眠有助於維持免疫系統的功能運作。目前已知免疫系統運作的改變 會造成睡眠時間改變；睡眠時間減少則自然殺手細胞也會減少 30%，僅存的白血球活動力也會變差。

3. 排除大腦毒素，運用腦脊髓液（cerebrospinal fluid, CSF）在這個系統內能將腦部產生的代謝產物帶出大腦外，特別是清除與阿茲海默症（Alzheimer's disease）成因有關的 β 澱粉樣蛋白（β-amyloid），因此睡眠能有效地預防將來老年時期因 β 澱粉樣蛋白堆積所導致的阿茲海默症發生機率。

4. 睡眠有助於行為固化、記憶的強化、高等智能的運作，例如人類的認知運作、情緒調控、性格發展、社交能力的建立等。

快速動眼期睡眠與夢

　　快速動眼期及深度睡眠有助於神經系統及免疫功能的維護。1953 年美國芝加哥大學的阿瑟林斯基（Aserinsky）在一次偶然的機會，觀察到他的小孩在睡覺時眼睛雖然閉著，但每隔一段時間就會快速轉動，他仔細觀察後發現：整個晚上睡覺時，眼球轉動的現象大約會週而復始地出現四到五次。

　　阿瑟林斯基和他的老師克萊特曼（Nathaniel Kleitman）持續的觀察其他人，發現他們在睡覺時都會有這個現象，因此就把這個在睡覺中，但眼球會快速轉動的時期稱為「快速動眼睡眠」（Rapid Eye Movement Sleep，REM）。

　　這個發現全盤推翻了當時對睡眠的一般看法：「睡眠是腦部多數活動的停頓。」他們發現，REM 睡眠的存在，暗示著有某種東西會在睡覺時活躍起來。

　　「快速動眼睡眠」是動物睡眠的一個階段，在此階段時除了眼球會快速轉動，同時身體肌肉放鬆。大腦的神經元活動與清醒的時候相同，呈現快速、低電壓去

同步化的腦電波（desynchronized electroencephalograms, EEGs），類似清醒時高頻率、低震幅的 β 波。

由臨床研究顯示：控制快速動眼睡眠（REM）的電化學活動似乎是源於腦幹，其特徵為大量的神經傳遞物質乙烯膽鹼，同時伴隨單胺類神經傳導物質，包括組織胺、血清素（SER）和去正腎上腺素（NE）幾乎完全消失。

許多研究者都發現如果在「快速動眼睡眠」時把人叫醒，大部分的人會說自己正在做夢，所以夢的發生與快速動眼期的睡眠階段有很大的關聯性。

人在一晚的睡眠中，通常由清醒至入睡，再由入睡後的淺度睡眠期進入到深度睡眠期，再由深度睡眠期進入快速動眼期。如此為一個週期，約耗時 90 到 120 分鐘，一晚的睡眠約需四至五個週期。

過去人們一直誤以為只有快速動眼期才會作夢，然而由於科技及研究方法的精進，發現除了快速動眼期外，其他睡眠期也會作夢。

做夢原因是什麼？

做夢是睡眠時產生的影像、思緒或感受。科學家很早就透過腦波圖發現，人類的睡眠分成快速動眼期（REM）和非快速動眼期（NREM），一段完整的睡眠中會經歷 4 ～ 5 次 NREM 和 REM 的交替循環，而且不論是 REM 還是 NREM 睡眠都會做夢。

在 REM 睡眠中，大腦活動顯著增加，做的夢最多，也最鮮明。相對的，NREM 的夢境往往比較連貫，還與特定時間、地點的想法和記憶有關。睡眠為什麼要做夢？可能有下列幾種功能：

1. 鞏固記憶：做夢可能具有加強記憶和回憶資訊的重要認知功能。
2. 處理情緒：在不同的想像情境中演練情緒，可能是大腦管理情緒的方式。
3. 清理資訊：夢可能是大腦「整頓」資訊的過程，藉此清除片面、錯誤、不必要的資訊。

4. 即時重播：夢境可能是一種扭曲的即時重播，以
回顧和分析近期發生的事件。

5. 對接靈界：可能下載宇宙訊息（松果體），更新
大腦資訊程式。

5-3　松果體（第３眼）——第七識運作中心

　　松果體位於兩眉中心後方，位於中腦後方豌豆大小的扁錘狀小體。有關其功能的研究如下：

（１）松果體是人體生物鐘的調控中心。凌晨 1 點到 4 點之間，分泌退黑激素（Melatonin），幫助睡眠，也影響許多神經活動。

（２）松果體具有感知的能力，分泌二甲基色胺（DMT），會刺激腦部產生幻覺、幻視、幻聽，產生靈魂離體（OOBE；Out Of Body Experience）的現象，甚至被認為能接受宇宙訊息。

（３）松果體具有直接感官的功能，被稱為「第 3 眼」。

（4）松果體被認為是連結物質界與精神世界的視
　　窗，會產生愉悅感與合一感，被稱為「靈魂
　　之座」。

活化松果體的方法，除了日夜規律的作息，清晨多
曬太陽，還有：
（1）開放專注（Open Focus）
（2）活在當下，隨緣自在
（3）體驗心流（Flow），身心合一
（4）團體相聚，載歌載舞（律動）
（5）深度冥想

負面情緒、思考與行為，都會阻礙松果體的活化，
包括：
（1）嫉妒、小心眼
（2）陰謀傷害
（3）檢舉監控
（4）貪婪
（5）憤怒

（6）過度使用 3C 產品（狹隘專注）

　　松果體被喻為「靈魂之座」，可以視為「腦內晶片」，活化時，能夠接收宇宙信息（第八識），融入潛意識（第七識）。

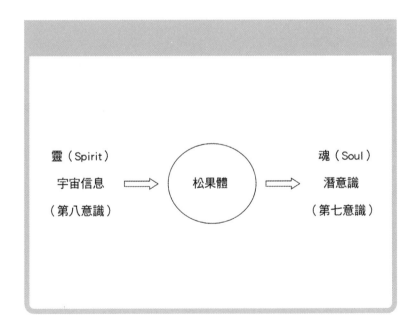

5-4 靈魂出體
（Out Of Body Experience, OOBE）

　　靈魂出體產生的原因很多，病理的或生理的原因都有。這種現象被視為是意識能夠獨立於頭腦（身體）之外，因此也成為探討意識的重要題目。

（I）自發性靈魂出體（Spontaneous OOBE）

1. 瀕死經驗（Near-Death Experience；NDE）：當生命垂危的時候，頭腦面臨極大的壓力與變化，尤其經過急救後甦醒的病人，經常有這種現象。
2. 睡眠：當進入睡眠或者要醒來的時候，有時會有此現象。

3. 病理情況：偏頭痛、癲癇、腦震盪，情緒障礙，精神分裂症。

（II）誘導性靈魂出體（Induced OOBE）

1. 化學藥物：K 他命、大麻、海洛英、LSD、全身麻醉、二甲基色胺（DMT）。

2. 加速重力變化、急速墜落、轉動、飛翔。

3. 靜心（Meditation）、催眠（Hypnosis）。

神經學的解釋，認為變化在顳葉及頂葉接連區域（Temporoparietal Junction），該處負責多感官訊息的處理。

睡眠時出現靈魂出體的現象，又稱為清醒夢（Lucid Dream），經常靜心的人容易有這種經驗，被認為跟靈修有關。深入清醒夢，有些靈修者會體驗天堂或地獄的景象（進入靈界）。

經常體驗清醒夢，可能導致睡眠品質惡化，產生睡眠障礙。

5-5 量子腦的神經學解釋
（Sir Roger Penrose）

　　Roger Penrose 認為頭腦有量子現象，稱為量子腦。他觀察單細胞生物草履蟲能游向食物，躲避危險，繞開障礙，而且沒有神經系統，但是功能卻有如一個神經細胞。同樣的事情也發生在阿米巴原蟲身上。到底是如何做到的？

　　這些單細胞的複雜行動由細胞骨架（Cytoskeleton）——這個結構支撐細胞的形狀。以草履蟲為例，它用於游泳的纖毛，是細胞骨架的末端，它們主要由微小的管狀結構組成，稱為微管（Microtubule）。細胞骨架由這些微管、肌動蛋白（Actin）和中間纖維（Intermediate filament）組成。 阿米巴蟲也會有效地利用微管來推動自己的偽足，移動身體。

　　神經細胞的微管，負責且運輸神經傳遞物質，參與了決定突觸強度的過程。微管是一根中空的管子，通常由 13 列微管蛋白（Tubulin）二聚體（Dimer）組成。每個微管蛋白似乎都有兩種構造。

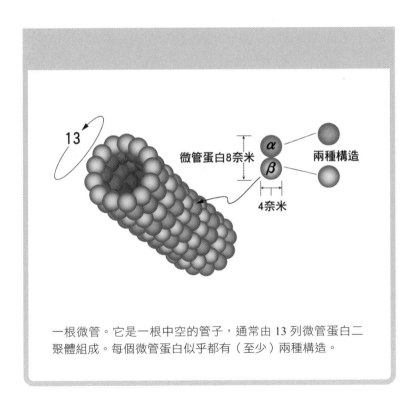

一根微管。它是一根中空的管子，通常由 13 列微管蛋白二聚體組成。每個微管蛋白似乎都有（至少）兩種構造。

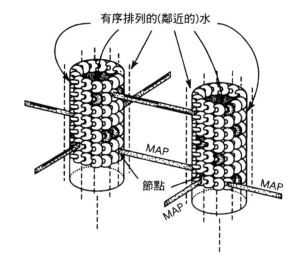

（許多）神經細胞內部的微觀系統可能支撐著宏觀的量子相干活動。這類活動需要有效的隔離，可能通過微管周圍的水的有序排列來實現。微管結合蛋白（Microtubule-associated Protein；MAP）組成的互聯系統可以「協調」這類活動，它們通過「節點」（Node）與微管相連。

　　Penrose 認為這些管子很可能存在某種宏觀尺度上的量子相關活動，有點類似半導體。微管內部存在某種相關的量子振盪，擴大到腦部相當的區域。這類活動可能透過微管周圍的水，有序排列來實現。微管結合蛋白（Microtubule-associated Protein；MAP）組成的互聯系統，可以協調這類活動，它們通過「節點」（Node）與微管相連。

5-6　量子腦的物理學解釋

　　頭腦的量子現象，有多種解釋。Penrose 的微小管解說，有不少的反對者。也有些學者認為 DNA，粒線體也有量子糾纏現象。近年來，認為水的某種結構，會有量子現象，可以用來解釋量子腦。

（I）水分子間經陽光照射激發出氫鍵（H-Bond），並藉由氫鍵連結成結構水，成為人體最佳儲能電池。

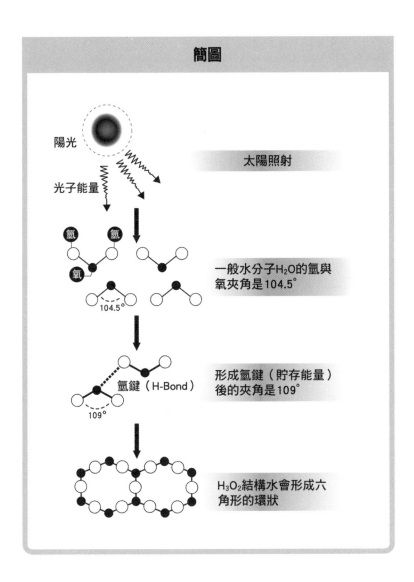

（II）結構水 H_3O_2

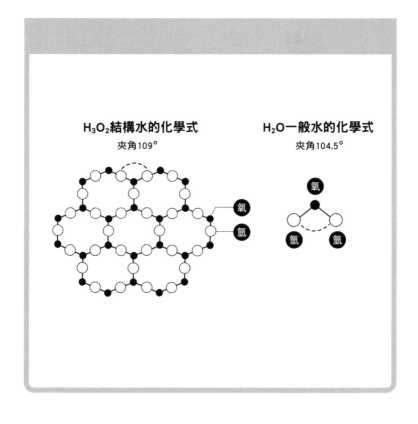

（III）結構水內的水晶幾何結構，是氫與氧結合而
　　　成，並且有次序的排列成六角形的環狀。

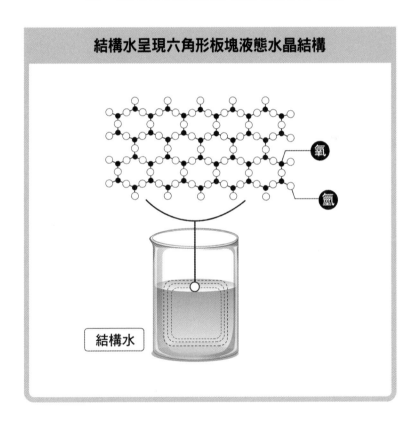

結構水呈現六角形板塊液態水晶結構

氧

氫

結構水

（IV）遍布全身的膠原蛋白纖維，內部充滿結構水，
以及更細微的纖維形成四通八達的奈米通道，
快速傳遞量子訊息。

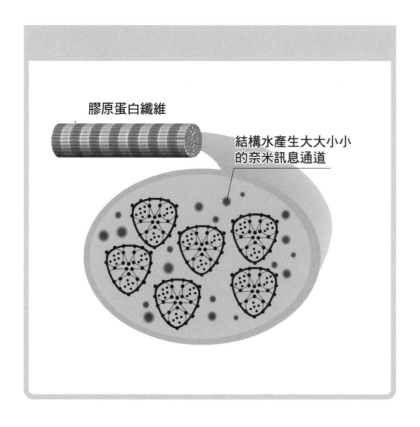

膠原蛋白纖維

結構水產生大大小小
的奈米訊息通道

5-7 心流（Flow）——開放專注進入量子腦

Mihaly Csikszentmihalyi 研究那些做自己有樂趣的事，而不求名利的人，包括棋手、登山人、舞者、作曲家，他們投入活動時樂此不疲，這種感覺在人們吸食迷幻藥或縱酒、盡情消費昂貴物品時並不存在，甚至樂趣亦包含痛苦、冒險及困難的活動，由於挑戰及不斷學習，擴展了個人的能力，也包含新穎及發現的要素，這種充實的滿足感經驗稱為心流（Flow），達到心流時有非常順手的感覺，具有自發的、不費力的，但又是高度專注的意識狀態。

心流有九項要素：

（1）沿途的每一個步驟都有清楚的目標：知道什

麼需要完成。音樂家知道接下來要演奏什麼
音符；登山者知道下一步怎麼走；外科醫師
隨時都明白手術應該如何進行；農夫對如何
完成種植也有一套計畫。

（2）**個人的行動能有立即的回饋**：知道事情做得
如何。音樂家一聽就知音符對不對；登山者
馬上會發現那一步移得是否正確；外科醫師
看到傷處有沒有流血；農夫則看到田裡的犁
是否排列整齊。

（3）**挑戰與技能之間有所平衡**：日常生活中，若
自己的技能遠不如挑戰，我們就會感到沮喪、
焦慮；若自己的技能遠超乎挑戰，我們就會
感到無聊。因此，挑戰與技能旗鼓相當，其
互動能達到平衡。

（4）**行動與知覺結為一體**：注意力集中在我們所
做的事情上。挑戰與技能搭配緊密，就需要
心神專一，而且要靠目標明確，並有不斷的
回饋才有可能。（Oneness）

（5）**心無旁鶩**：只意識到此時地相關的事務，密

切專注於目前的結果，使我們將日常生活中
所引起的焦慮、壓抑與恐懼一掃而光。

（6）**不擔心失敗**：全神貫注，全力投入，不去在
乎成敗。事實上，我們並沒有掌控什麼，因
為若有所掌控，則掌控的感覺會切割我們的
注意力。沒有掌控，沒有占有，沒有執著，
也就沒有所謂的失敗。

（7）**自我意識消失**：全力投入正在做的事情，而
不在意自我防衛。自己已經跨出自我的範圍，
暫時地成為更大實體的一部分。音樂家感覺
與宇宙和諧如一；運動家與隊伍步伐一致。
（Egolessness）

（8）**時間的感覺扭曲**：通常會忘掉時間，過了幾
小時卻像只有幾分鐘；或者恰恰相反，一個
花式溜冰者實際上僅費一秒的急轉彎，卻感
覺時間伸長十倍。（Timelessness）

（9）**活動變得自發導向**：每當這種狀況出現，我
們多半就開始享受那造成此一經驗的事物。
活動到了這個地步就變成自發導向的，亦即

事物本身就是目的。生命中多數的事情是外
在導向的，如果工作與家庭生活都變成是自
發導向的，那麼生命不會有任何浪費，我們
做的每一件事情本身也就有了代價。

心流會增進創造力，我們在日常生活中體驗到的心
流狀態愈多，我們會愈快樂。藉著感官享樂，暴力、賭
博、雜交、毒品等感官刺激，不會導向創造力，反而造
成上癮。從事心流的體驗，一方面個人身心靈成長，一
方面又為社會所肯定，裨益文化的成長，則更能加強心
流帶來的快樂；有了心流的經驗，可使人們免於憂鬱症
的困惱，也可免於不健康慾望的驅使。

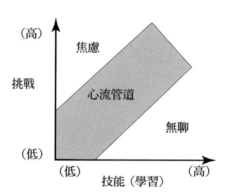

當技能遠不如挑戰，則產生焦慮；當技能遠超乎挑戰，
則感到無聊。當技能與挑戰旗鼓相當，則產生心流。

5-8 自力催眠（Self-Hypnosis）與出神（Trance）

自力催眠的準備工作，等同於靜心的準備工作，包括：

（1）適當的場所。

（2）姿勢（坐姿、半臥姿、臥姿）。

（3）腹式呼吸。

（4）有覺知（專注）的呼吸。

（5）進行性放鬆。

放鬆與專注是潛意識狀態的一體兩面，當人們愈是放鬆地敞開所有的感官時，越能往內感受深邃廣大的內在世界。愈是專注與放鬆時，愈能導入意象（Imagery）進入更深、更有效的意象催眠。

首先，可利用「階梯法」進行自力催眠：

我現在正站在古堡的最頂端，

眼前有 10 個白色階梯向下延伸，

我凝視著這 10 個白色的階梯，

在陽光下，反射潔白的亮光，

白色非常清晰，

我走下第一個階梯，

感到非常放鬆，

雙手與雙腳都非常輕鬆。

我走下第二個階梯，

感到更加放鬆，

心情非常平靜。

我走下第三個階梯，

走下第四個階梯，

走下第五個階梯，

心情更加輕鬆，

呼吸更加深沉，

手腳更加輕鬆，

心情非常平靜。

我走下第六個階梯，

走下第七個階梯，

走下第八個階梯，

全身非常輕鬆，

心情非常愉快，

呼吸非常深沉，

一切都非常安靜。

我走下第九個階梯，

走下第十個階梯，

到了草地，

一切非常平靜。

我靜靜地走在草地上，

一切非常平靜。

經常反覆演練「階梯法」，熟悉後就能進入出神
（Trance）。出神的特點包括：

（1）肌肉放鬆。

（2）不活動（Immobility）。

（3）呼吸速率降低。

（4）心跳減慢。

（5）吞嚥反射（Swallow Reflex）減緩。

（6）眼睛運動（Eye-movements）減緩。

（7）高度的接受性（Receptivity）。

（8）眼皮不停地快速的眨動。

（9）瞳孔放大，不聚焦。

深度睡眠進入出神時，能夠下載宇宙信息（第八識），稱為量子催眠（Quantum Hypnosis），被認為有量子療癒（Ouantum Healing）的功放。最有名的是 Dolores Cannon，讀者可參考其著作。深度催眠時，會有前世回憶，也是來自宇宙信息的下載。

5-9 量子療癒──艾妮達（Anita Moorjani）淋巴癌自癒奇蹟

　　艾妮塔是住在香港的印度中年女性，在 2002 年發現右肩腫瘤，經過診斷為 2A 期淋巴瘤，經過各種另類療法效果不佳，2005 年病情惡化：夜間盜汗、發燒、皮膚發癢等，胸腔兩側出現肋膜積水；接著病情急轉直下，頸部與胸腔壁出現無法治癒的大膿瘡；肌肉萎縮、腎臟功能衰退。

　　2006 年大量的肋膜積水導致呼吸困難，緊急送醫，已有多重器官衰竭現象，被送入加護病房，同時給予化學治療。

　　在被送到醫院途中，明顯地感覺到意識正慢慢離她而去（靈魂出體），抵達醫院時已經陷入昏迷。醫生告訴她先生：「她雖然心臟還在跳動，但是已經失去意識，

救她為時已晚。」

醫生又找來另一位資深腫瘤醫生來支援，雖然瀕臨死亡，但艾妮塔卻能清楚知道周圍發生的事情，甚至比健康時的感覺更敏銳；沒有使用五種生理上的感官，卻能強烈感受到周遭的一切，甚至勝過使用感官。有如突然擁有截然不同的感知能力，慢慢跟周遭融為一體。

艾妮塔持續向外擴張時，好像不再受時間與空間限制；有一種自由與解放的感覺，慢慢與所有的人事物融為一體，同時也感受到自己對親人與環境的眷戀正在慢慢消逝。有一種至高無上、極為美好、無條件的愛包圍著她。

在這超越時間與空間的過程，艾妮塔感覺，單單的存在，就值得被溫柔看待，值得被愛，不是世俗所謂的愛。存在是一體的（Oneness），宇宙是有生命、有意識的，涵蓋所有的生命與大自然，萬事萬物都屬於一個無邊無際的整體（Whole）。

接著奇蹟出現了，2006 年 2 月 3 日晚上，告訴家人她會恢復健康，接著拔除胃管，搬出加護病房，原來體積很大的淋巴結也變軟，切片檢查找不到癌細胞。當

年 7 月 24 日，醫生宣布痊癒。

　　醫生們與其他人對自動痊癒最想了解的一個關鍵點，究竟是什麼東西按下了開關，讓垂死的身體轉為痊癒。艾妮塔認為這已經超乎目前醫學的領城。

　　〔解說〕艾妮塔的放事，目前醫學仍然無法解釋，可以說是屬於意識療癒（Consciousness Healing）的領域。療癒的重點在於意識的提昇，而不是在於靈魂出體（OOBE）或瀕死體驗（NDE）。

　　意識的提昇，也就是讓自己的情緒、思考與行為，往正面成長，讓情緒更滿足、更自在、更喜悅；思想更自信、更包容、更有願景；行為更友害、更寬容。意識提昇是人生必須的功課，只能靠自己不斷精進與學習。

　　艾妮塔的意識能不斷擴展，融入宇宙，也就是由第七意識的量子腦狀態，融入第八意識的宇宙意識。

> 艾妮塔認為她癌症療癒的奇蹟來自於意識的提昇（量子腦）；不是來自於正面思考（突觸腦）。

第**6**章

第八識

6-1　第八識（阿賴耶識）──頭腦與宇宙

　　人類的大腦與宇宙有相當多的相似之處，似乎隱藏巨大的祕密。人類大腦的神經元網路，與宇宙的星系網路，明明是完全不同的物理過程，卻形成非常相似的複雜組織結構。

　　人腦裡有將近 900 ～ 1000 億個神經元，組成 1 千兆個神經連接。神經元聚集成節點、神經纖維等，成為神經網路。大腦的組成，水佔有 75%。

　　宇宙至少有 1000 億個星系，所有星系皆透過有形的塵埃、氣體或無形的暗物質組成的細絲連結。宇宙中只有約 25% 的物質可見，剩下的 75% 是不可見的暗物質與暗能量。

　　比較神經網路與宇宙網路的一些參數，在連結到每

個節點的細絲數量上，人類大腦皮質平均每個節點有 4.6
到 5.4 個連接；而宇宙網路平均每個節點有 3.8 到 4.1 個
連接。

　　神經膠質細胞是在大腦支持神經元工作的重要單
位，目前對這種膠質細胞瞭解非常有限，大腦許多功能
離不開這種膠質細胞傳遞信息；而宇宙中暗物質的地
位，就如同膠質細胞一樣，整個宇宙在兩種無形的力量
控制下有序的運行著，一種是萬有引力，另一種是暗物
質。

　　頭腦與宇宙的具大相似性，可能隱藏著巨大的祕密：
宇宙有意識。

　　意識在宇宙中無處不在，是宇宙的一個基本特徵。

大腦	宇宙
結構相當複雜	結構相當複雜
訊息傳遞快速	星球運動快速
神經元 900 ～ 1000 億	星系 1000 億
皮質層節點 4.6 ～ 5.4 連接	節點 3.8 ～ 4.1 連接
功能支持：膠質細胞	功能支持：暗物質
大腦意識	宇宙意識

6-2 靈界的科學──李嗣涔教授

前台大校長李嗣涔教授，是研發靈界科學與撓場的先驅者。在 1999 年，他就有重大的發現，在近 10 位物理學者的見證下，發現用一些與宗教或歷史上神聖人物有關的特殊字樣，如：「佛」、「菩薩」、「耶穌」、「孔子」、「老子」、「唵嘛呢叭咪吽」或符號「卍」、太極圖；當幾十位 9 到 17 歲青少年用手指識字時，腦海中會用第 3 眼看到亮光，或是發光的人像、廟宇、十字架，有時會看到暗的人影或聽到聲音。

李教授認為大腦裡像身體一樣，滿布生理食鹽水，約佔 70% 左右，如果大腦有一小部分生理食鹽水，在手指觸摸紙團的刺激之下，進入特殊的超導態或量子態，天眼就形成。

　　2000 年李教授提出手指識字實驗時所發現的信息場，其實就是虛數的時空，原本我們真實的宇宙是一個複數的時空，有實數也有虛數，信息場也就是虛數時空，充滿了意識（阿賴耶識）、神靈及信息網站。萬物皆有靈魂（意識），只要物體進入宏觀量子狀態，虛數出現，意識出現，宇宙的真理就展現了。

用「佛」字實驗時，陳小弟弟看見的異象		
日期：1999 年 8 月 26 日		
正確答案	透視結果	實驗紀錄
東	東	• 15：01 開始。 • 15：08 看到「東」。
步	分	• 15：09：15 開始。 • 15：20：34 看到「分」。

助　　助	• 15：23：53 開始。 • 15：26：12 看到「助」。
U　　U	• 16：29 開始。 • 16：49：42 看到「U」
佛　　佛	• 17：01：55 開始。 • 17：02：51 看見黑色。 • 17：03：42 聽到有個聲音說 7 畫。 • 17：04：46 有個光頭的人手上拿著一串珠子。 • 17：05：54 看到「亻」。 • 將紙條放入底片盒。 • 17：05：54 看到，有個人部。 • 17：15：38 看到一個光頭的人穿著一件黑夾克，內穿白色衣，上面寫著黑色佛字。

※（圖片出自《靈界的科學》／作者：李嗣涔教授）

　　李教授在 2014 年提出「複數時空」的宇宙模型假設。「複數時空」包括俗稱「陽間」的實數空間，以長、寬、高，時間四度描述我們所處的物質世界；另一個四度是虛數時空，即「陰間」、「信息場」或「靈界」。整個世界是八度的宇宙。

　　兩個世界經由太極漩渦的魚眼時空通道溝通，所有物質都是介面，都有自旋（粒子高速旋轉），劃破時空產生的切口（洞），就是通往虛數時空的通道。實數世界的物體，經原子、質子、電子、中子的自旋，戳出了破洞；在另一個虛空破洞，形成了與原來實數影像完全一樣的影像，即「一物兩象」，這說明了手指識字的機制。

　　李教授認為手指識字，耳朵聽字，能接收到物質世界訊號以外的虛空訊號；眼睛將看到的光，經過枕部送到松果體，天眼打開了，因天眼是量子態，可穿入虛空，把自旋訊息掃描出來。念力實驗證實「心物合一」的狀態，虛空存在一個超級計算機，儲存所有生命的程式軟體。

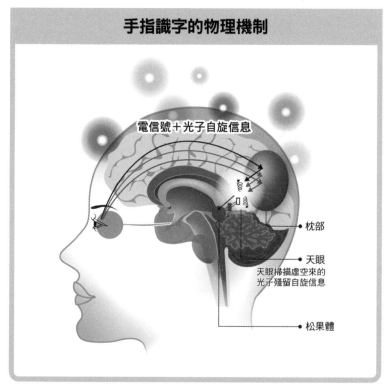

手指識字的物理機制

電信號＋光子自旋信息

枕部

天眼
天眼掃描虛空來的
光子殘留自旋信息

松果體

※（圖片出自《靈界的科學》／作者：李嗣涔教授）

虛空中，不同撓率的自旋會被覺知成不同的顏色，意識中樞（松果體）真正在解讀的是自旋撓場殘留信息，才能感知顏色的存在。

物體自旋導致時空扭曲 — 撓場

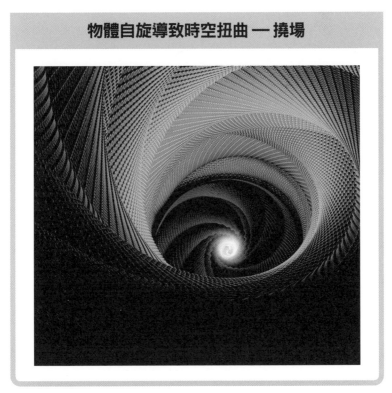

※（圖片出自《撓場的科學》／作者：李嗣涔教授）

　　撓場是時空的扭曲，與引力場是時空的彎曲相似，它不會被任何自然物質所屏蔽。

6-3　十二因緣與投胎轉世（Reincarnation）

投胎轉世（Reincarnation）已經有相當的醫學研究，最有名的是維基尼亞（Virginia）大學的 Ian Stevenson，經過 40 年的研究，調查 2500 個案，得到相當的結論。當然也有不少的異見。

贊成的學者一般認為意識（靈魂）獨立於頭腦（身體）之外；而宇宙具有意識，具有無邊無際的訊息容量，意識（訊息）不斷流通，透過生命的生老病死過程，循環不止。

佛學用十二因緣解釋這意識流的過程：

1. **無明**：無明為過去煩惱的總稱，它的體是癡，以

迷闇為性，不如實知見，不通達真理與不明白理解事相或道理的精神狀況，由此無明妄動，眾生就輪轉世間。

2. **行**：身口意之造作行為。

3. **識**：眼、耳、鼻、舌、身、意等六識。

4. **名色**：名是精神，色是物質，即組織有情之要素，胎相初成。

5. **六入**：即六根——眼、耳、鼻、舌、身、意六種感官。

6. **觸**：六根與外界「六塵」之接觸。

7. **受**：六根接觸六塵後，生起苦樂感受。

8. **愛**：因苦樂而有所好惡、愛憎。

9. **取**：因貪愛而有所執取、追求。

10. **有**：因執取諸境而產生業因。

11. **生**：由業因而於六道中誕生。

12. **老死**：受生之後，因色身敗壞而衰老、死亡

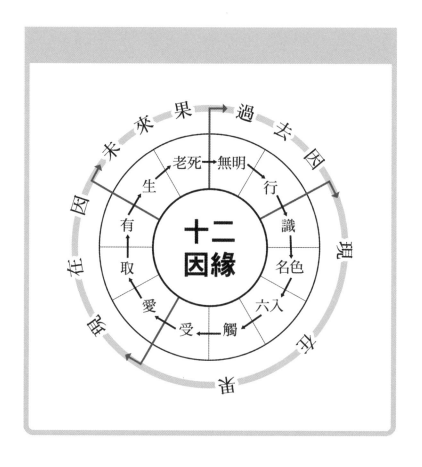

6-4 通行靈界的科學家——史威登堡（Emanuel Swedenborg: 1688-1772）

　　史威登堡 1688 年生於瑞典，年輕時頭腦聰慧，成為名噪一時的天才科學家，與發現萬有引力的牛頓齊名。然而在 1745 年，史威登堡 57 歲那年，他的人生碰上了不可思議的巨大轉捩點。當年某一天，在英國倫敦餐廳用餐後，想起身離開時，突然發現餐廳裡散放出如陽光七彩燦爛之光，亮度比陽光還強許多。

　　史威登堡的眼睛被光刺得睜不開，差點就嚇昏過去。一陣子之後，光中間出現了一個穿著潔白袍子的人，白袍發出金色的光芒，那是史威登堡從謀面的神秘人物。

　　他開口了：「你！」

　　說完這個字之後，就消失了。但餐廳中還有些煙霧般瀰漫的東西，包圍著史威登堡，過一段時間才散去。

史氏回到房間，思索其奇異體驗，應該不是幻影。

　　第二天晚上，史氏準備就寢，房間裡突然就像前一天餐廳一樣大放光芒，明亮如白晝，那神秘人物又出現在床邊，對他說：「我是神派來的使者，要賦予你一個重要使命，你會被帶到死後的世界，也就是靈界；將那世界的見聞記錄下來，轉達給人世的人們，千萬不要輕忽這神聖的使命！」

　　史氏利用上天賦予的特殊能力，讓靈體脫離肉體，在離開的期間，仍然維持著一定程度的生理機能；等到靈體回到肉體後，依舊可以過日常生活。此即為靈魂出體（OOBE）。

　　現在人世生活的所有人，幾乎都認為自己是靠肉體活著；但是讓肉體活著的真正主人，卻是居住在肉體裡的靈體。在物質世界，人們認為靈體離開肉體就是死亡，但是其實靈體依然存在。

　　靈體脫離肉體之後，會感覺頭腦一下清楚了幾十倍，各種感官比肉體還敏銳清晰。靈體用完全不同的方式感受時間與空間。靈體的移動是在於心念的速度，比光速還快，就算是幾千億里的長度，也能夠在瞬間往

來，可以用「精神感應」來形容。（量子糾纏）

　　史氏接著通過瑞典女王的通靈考驗：女王要史氏說出某將軍遺書的內容，史氏進入靈界遇見已逝的將軍，得知其遺書內容，回報女王。結果跟女王所藏的遺書內容一致；史氏亦靈視斯德哥爾摩火災；也準確預知自己死亡的日期。

　　讀者可以參閱史氏的靈界見聞錄，有關天堂與地獄的描述。史氏認為我們人類社會是通往天堂的最佳修練道場，社會生活為我們提供了形成真愛人格的大量機會。

6-5 靈界穿越者── 出口王仁三郎（1871-1948）

　　1871 年，王仁三郎出生在京都龜岡市的農家，出生名叫上田喜三郎。三郎小時候天資聰穎，小小年紀就被大家稱為神童。然而身體很差，體弱多病，10 歲以前都是奶奶在家教他功課。奶奶對靈界很有研究，教他通靈祕法。13 歲離開學校進入社會，到 27 歲還是一事無成。有一次在街頭被人打得滿臉是血，奶奶告訴他：絕不能對人懷恨在心；對欺負的人，要當作恩人，並感謝神。這話令他懺悔，決定洗心革面。

　　在沉睡中，他跟著一位穿西服的男子出門。第二天早上醒來，發現自己在家鄉高隈山上的山洞裡，接下來 7 天的修行，按 1 小時靈魂出體遊歷靈界，再回肉體打坐修行 2 小時；不吃不喝，奇蹟地活下來。

　　接他去靈界的老師稱為芙蓉隱士，帶他參觀冥界，也參觀天界。在天界，出現非常神聖的生命，既不說話，也沒顯現形象，一瞬間給三郎展示宇宙的過去、現在與未來。從那一刻起，三郎擁有了預言未來的能力。同時，還發展出千里眼的功能，村民們遺失什麼東西，他能幫助找到，從此聲名大噪。

　　在 1912 年，三郎預言兩年後會有世界大戰，果然兩年後在歐洲爆發。後來 1919 年，他預言不久將來會有第二次世界大戰，日本會向美國開戰，而且日本將在二戰中被占領，因而被認為妖言惑眾被判刑。然而這些都被三郎言中了。

　　三郎堅持反戰，認為日本必敗無疑。預言東京將會被空襲，大阪陷入一片火海，廣島和長崎也會被毀，只有京都相對安全。這些一一言中。

　　他還預言世界會有高速鐵路、電視，能夠在世界任何地方，看著他人的臉與其交談（視訊）。

　　他的著作，很多是在神思恍惚狀態下躺著口述（下載宇宙信息），請人在旁筆錄而成。從 1921 年到 1935 年，共寫出 81 卷書，手稿有 10 萬頁。

6-6 穿越時空的大預言家—— 諾斯特拉達姆斯 （Nostradamus, 1503 -1566）

　　在 16 世紀，法國出現聞名世界的預言家：諾斯特拉達姆斯，生平寫了 1000 多首預言詩句，合稱「諸世紀」，有些模糊難懂，有些卻準確描述幾百年後的事件。

　　諾氏不過是地方上的一個醫生，早期行醫時，碰到歐洲黑死病大流行，諾氏所在的法國南部沙隆城，瘟疫更是猖獗，整個沙隆城的人，非常恐懼，認為這是神的懲罰。諾氏建議捕殺全城的老鼠；又將所有已經埋葬的病人屍體，全部挖出來加以火化。沒有多久，黑死病就消失了。

　　諾氏在世時，準確地預言法王亨利二世的死狀，必然因腦傷在 10 年內死亡。

　　一隻幼獅將撲倒一個老人，

　　在一比一的野戰勝負的庭園裡，

　　他猛刺黃金籠子裡的眼睛，

　　兩處傷變成一處傷，瘋狂而可憐的死一定會來臨。

　　諾氏預言 20 世紀的世界情況，該詩當年人們看不懂，但今天我們看來卻相當震撼：

　　在大戰過去以後世界變得很狹小，

　　陸地上住滿了人類，

　　人們都跨越天空、陸地、海洋去旅行，

　　在這個期間將繼續爆發新的戰爭。

　　諾氏又預言消費時代的來臨，伴隨各種環境異象：

人類走向莫大的消費，

巨大的馬達改變了時代，

雨、血、牛奶、饑饉、兵器、瘟疫，

天空有冒出長長火焰的東西在飛翔。

對於 380 年後法西斯納粹黨與希特勒的殘暴，更預言得相當精準：

由強大馬蒙的司祭一黨，

征服了整個多瑙河流域，

他們拿著鉤形的彎曲鐵十字架，

從無數廢墟的斷垣殘瓦中，企圖尋找

奴隸、黃金、寶石。

關於希特勒的預言，更直接提到他的名字：

那一天不論什麼都必須來到維納斯的附近，

亞洲和非洲最具大的東西，

他們將被稱為來自萊茵和希特斯（Hyster）的人，

哭聲和淚水將覆蓋馬爾他，同時也將覆蓋利邱斯特海邊

希特斯（Hyster）與希特勒（Hitler）發音很接近，馬爾他指的是馬爾他島；利邱斯特海邊指的是義大利沿岸（古語）。

其他還有相當多準確的預言，讀者可以參考有關的著作。

MICHEL NOSTRADAMUS.
Médecin,
Né à St Remy, en Provence, le 14 Décemb. 1503.
Mort le 2 juillet 1566.

第**7**章

生命的實相

· · · · · · · · · · · · · · · · · ·

7-1 熵（Entropy）法則

　　能量以兩種狀態存在——「可利用能」（Available Energy）或稱「自由能」（Free Energy）以及「不可利用能」或稱「束縛能」（Bound Energy）。前者人類可以操縱利用，而後者卻難利用。

　　煤炭中的化學能是自由能，因可將它變成熱能，或者再轉化為機械工作。然而海水中大量的熱能卻屬於束縛能。煤炭燃燒後，其「自由能」被消耗成熱能，變成煙及灰的形式，人類無法再利用，也就是變成「束縛能」。

　　自然界這種單向「自由能」變成「束縛能」；也就是由「秩序」（Order）變成「混亂」（Disorder）或「消散」（Dissipation）等無可回復的現象，也就是自然界日益趨向混亂，即為熱力學的第二定律：自然界熵總和

不斷增加。（熵增原理）

　　「熵」（Entropy）是「不可利用能」以及「秩序及混亂」兩大現象的衡量準則。這兩大現象可由「質—能」（Matter-Energy）關係來瞭解。「能」之所以可被利用，是因為「質」的秩序；「能」之所以不能被利用，是因為「質」已變得混亂消散或無秩序了。

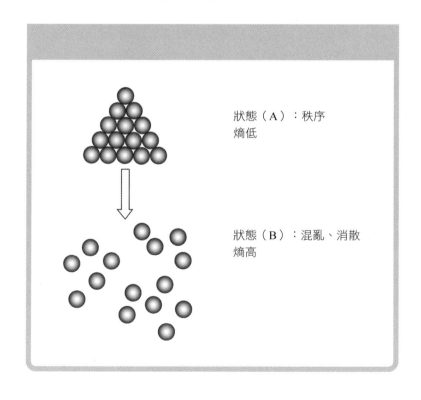

狀態（A）：秩序
熵低

狀態（B）：混亂、消散
熵高

　　要使狀態（B）恢復狀態（A）那就很不容易了。如同把水潑在院子裡，要回收水幾乎不可能。今天人類以各種化學物質、放射性物質以及重金屬，污染天空與土地，要清理已萬分困難。

　　所有人類的活動，都逃不開熵法則。經濟活動並不是周而復始，也不是沒有時間性的；而是單向的，並且一去不復返（Irrevocable），熵不斷地由低向高增加。

　　經濟過程的「投入」（Input）是來自太陽能及地下庫存（礦物、石化燃料）的低熵資源；它的「產生」（Output）卻是污染物、垃圾、廢物等高熵產物，其目的是為了提高「生活享受」、提高「生活水準」。

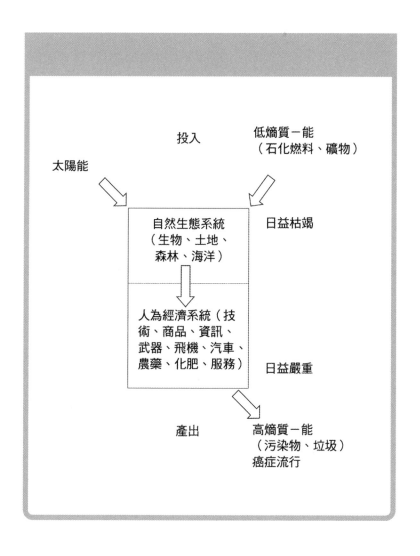

　　宇宙也是處於一個熵增的過程。物理界的解釋是，因為這個世界的初始條件是熵極小的大爆炸前的那個點，而這決定了這個世界從今往後要經歷一段非常長的熵增過程。（Roger Penrose）

　　地球上的生物是一個開放系統，通過從環境攝取低熵物質（有序高分子）向環境釋放高熵物質（無序小分子）來維持自身處於低熵有序狀態。而地球整體的負熵流來自於植物吸收太陽的光流（負熵流）產生低熵物質。

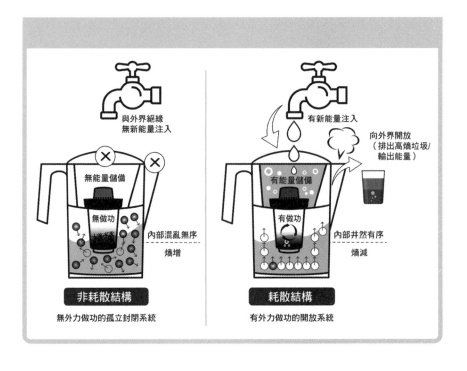

7-2 熵與生命法則

　　生態系統中，能量的根本來自太陽。綠色植物行光合作用，將太陽能轉變為化學能，存於有機物中。動物分解植物，獲取能量以供新陳代謝，生長和生殖之用。

　　根據熱力學第一定律，宇宙一切物質與能量皆是不變的，既無法被創造，也無法被消滅。它的形式可以改變，但本質卻永遠不變。

　　能量流動（energy flow）是單向性的，透過食物的關係，使熱能在生物間流動。生產者無法百分之百利用太陽能。將太陽能變成化學能的過程中，有部分能量以熱能消失。

　　在食物鏈中，後一級動物所能利用前一級生物之食物能的百分比，稱為能量的傳遞效率。綠色植物行光合作用，

　　將光能**轉變**為化學能，貯存於食物中，此效率只有1%。
當動物吃植物或其他動物時，其效率約5%至20%之間。

　　譬如一平方米的地區，一天接受3000卡的太陽能，
而綠色植物僅吸收1500卡（50%），然而僅15卡轉變
成化學能，以供草食性動物食用，其後僅1.5卡供給次
級消費者，最後到三級消費者，可能僅剩0.3卡。人類
多**攝**食植物，可縮短食物鏈，增加效率。

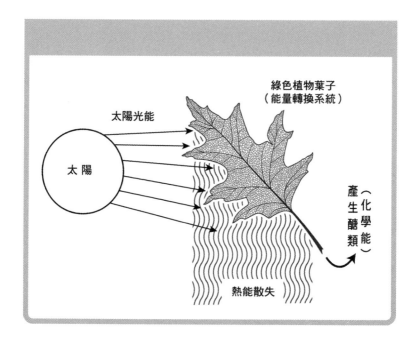

　　既然熱力學第二定律告訴我們：自然界熵總和不斷增加，幅度不斷加大。那麼，為什麼會有極富秩序的生命個體產生，而生命現象（生物）又不斷演化？生命個體在相當長的時期內，可以維持其低熵的狀態，是否違反第二定律呢？

　　事實上，生命個體為了保持其低熵的狀態，要不斷地吸收外界的低熵來補償。因此，就整個系統而言，熵值依然上升，符合第二定律。

　　為支持一個人活一年，需要犧牲三百條鱒魚。而這三百條鱒魚須消耗九萬隻青蛙。這九萬隻青蛙又須消耗二千七百萬隻蚱蜢，這二千七百萬隻蚱蜢則又須消耗一千噸雜草。

　　至於，高度秩序的生命又是如何產生的呢？Prigogine 認為物質分子在適當的條件下可以從混亂的狀態，以自我組織的本能，組織成有秩序的結構。這種組織可以大到上百萬個分子，成為超級大分子（super molecule）。因此，高度秩序隨著分子增加混亂而產生，穩定來自不穩定，整個活動不斷「躍進」，生命現象於焉產生。

7-3 熵與頭腦（心智）

頭腦（心智）的過程，也是熵增定律的過程，為了要進行熵減，以減少熵增帶來的混亂與壓力，頭腦需要不斷向外吸收負熵信息，也就是正面學習，增進頭腦的適應能力，包括學習力、認知力、判斷力、創意力等。

當頭腦學習能力退化或是不再學習時，有如成為封閉系統，熵值會不斷增加，成為混亂與內耗的狀態；最後導致心智功能退化與失智。

頭腦保持警覺（Awareness）的狀態，對周遭的環境不斷探索，這是生存的基本條件。發現問題與面對問題，從而解決問題，就是心智的重要功能。不會發現問題，或是充耳不聞，不敢面對，會使心智功能退化。

主動學習（自主學習）是啟發心智的關鍵；被動學習，

如填鴨式學習、強制性學習，對於心智的啟發沒多少幫助，勉強灌輸知識而不會思考判斷，會使心智混亂與僵化。

　　開放心智，不斷學習，一方面使頭腦靈活，一方面情緒也會快樂；尤其學習使能力不斷成長，創意力增加；樂趣與創意的正面循環，會產生所謂的心流（Flow），這是保護頭腦最佳的方法。

　　「活到老，學到老」，這是人生必要的功課。

低熵值腦	高熵值腦
開放心智 自主學習（主動學習） 增加學習力	封閉心智 不再學習 學習力退化
心流喜悅 熱情投入 安定和諧	內耗躁動 疏離壓抑 混亂（狂熱）對立
適應力高 面對問題 解決問題	適應力差 逃避問題 情況惡化
認知力、瞭解力高 溝通力佳 判斷力佳	認知力、瞭解力低 溝通力差 判斷力差

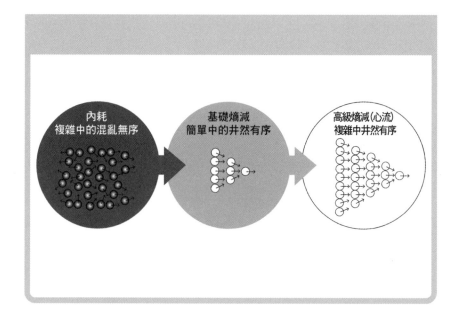

7-4　前六識的修練——禪與放下（不執著）

　　禪是一種心的效能訓練，它能幫助現代人找到清醒、安定與自在感，同時是克服緊張、焦慮和憂鬱的自然藥方。

　　人們追求幸福，卻只一味往外追尋，把自己弄得筋疲力竭。我們的生活情境是競爭，社會現實是功利和快速變遷，周遭人人彼此比較，互相嫉妒，陷入爭奪戰的心態。我們的文化價值與教育內涵，傾向於「向外追求」的學習，疏忽內在學習的部分。內在學習指的是心靈生活（意識）的提升，保持生活的平衡、快樂與豐足感，是一種自我淨化的過程。

　　禪是一種內在效能的訓練，由腦波的證據可看出，它是一種清醒的心理狀態。當外界的種種刺激呈現在自

己眼前時,只是覺察看得清楚,但不會被欺朦或繫縛,內心依然保持清醒、明白而不紊亂,此謂之禪定。

禪定者只要靜坐 30 分鐘,即有明顯的生理變化:
（1）幾乎一開始,耗氧量快速下降,身心舒緩下來。
（2）皮膚電阻升高,表示放鬆、不緊張。
（3）心跳緩慢下來,身心感到舒適。
（4）出現 α 腦波,身心安定、放鬆。
（5）血液中乳酸濃度下降,焦慮得到紓解。

經過坐禪的訓練之後,會有開放的經驗,使人不會被過去的經驗、成見及情結所困,但又能清楚地活用這些工具,產生心靈的自由與智慧。人在努力工作與學習之後,保持悠閒自在的心情,放下干擾你的種種想法和意識,讓自己清醒、自由、放鬆下來,便容易產生創意與正確的思考。

懂得放下,也使人們能在極端困境中隨遇而安,也使他們能謙沖包容,使世界免於競爭與紛擾,心理能更

寧靜致遠，獲得充實自在的快樂。

　　這裡講一個禪師教導放下的故事。有位深為焦慮與憂鬱所苦的學生，參訪禪師求解脫。

　　「我的煩惱太多啦，由於經濟不景氣，家裡入不敷出；孩子功課又不好，半夜上網聊天；先生喜歡抽菸喝酒，屢勸不聽。唉呀，我該怎麼辦呢？我快要不行啦。」學生向禪師苦訴一大堆。

　　禪師一言不發，雙手緊緊抱著旁邊的一根大柱子。

　　「唉呀！柱子太緊啦，太緊啦，我快不行啦。」禪師愈抱愈緊，作出憂愁痛苦狀。

　　「是你自己抱柱子的呀，又不是柱子抱你。手放開就好啦！」學生說。

　　禪師雙手一放，笑著說：「是啊，柱子就像你的煩惱。是你自己抱著煩惱，把它放開不就好了嗎？」

　　學生恍然大悟，焦慮與憂鬱很快就消失啦。

煩惱

失望

抱怨

憂鬱

一大堆負面情緒如同柱子，是人們自己緊抱的，只要
放開就可以啦……

7-5　第七識的修練——友善與超越（不對立）

　　從放下我執的自在感，擴大到主觀與客觀合而為一的境界，也就是心靈內全然沒有對立的狀態稱為超越。

　　以兩性關係為例，現代社會的兩性交往，在功利競爭的掛帥下，情場如商場，亦如戰場。現代文化重視形式甚於實質，因此汲汲於追求「戀愛」（in love），卻對「關愛」（loving）的重要性多所漠視。關愛的基本態度來自於不執著，放下對名譽、地位、利益等的執著，純然是一種超越的狀態，因此不會陷入愛恨交織的對立情境。

　　將關愛延展到所有待人接物的狀態，是為友善（Friendliness），友善不是狹隘的、以利益為基礎的友誼（Friendship）或聯合（Association），而是來自於真

誠、尊重與接納，不占有、不操控、不傷害。

　　唯有友善，才能維持快樂的氣氛，增進人們的自在感與喜悅感。老子說：「善者吾善之，不善者吾亦善之，德善。」對於善行的人，友善對待他；對於欠缺善意的，也友善對待他，這樣才是最具德性的友善。友善兼具善意及行為，只有善意而欠缺友善的行為，反而有害。（《老子》第 49 章）

　　耶穌的愛、孔子的仁以及佛陀的慈悲，皆具有超越的性質。具有超越性質的事物，人們愈分享愈多，它們不是定量（Quantity）的物質，而是狀態的性質（Quality）。具有超越性質者，包括：

- 快樂（Happiness）
- 智慧（Wisdom）
- 靈性（Spirituality）
- 慈悲（Compassion）
- 宗教性（Religiousness）
- 歡慶（Celebration）

- 幽默（Humor）
- 和諧（Harmony）
- 和平（Peace）
- 美（Beauty）
- 友善（Friendliness）
- 愛（Love）
- 關愛（Lovingness）
- 仁愛（Benevolence）
- 自在感（Liberation）
- 瞭解（Understanding）
- 知識（Knowledge）
- 感恩（Thankfulness；Gratitude）

　　以上皆具正面品質者是為超越。但是具負面品質如對立（Opposition）、恨（Hate）、貪婪（Greed）、無知（Ignorance）亦會相互增長，有害於生命及生存，稱為敗壞（Degradation）。

7-6 第八識的修練——喜悅與歡慶（圓融）

當人們以超越的心境，相攜以愛、包容、友善及慈悲，將會與存在融合為一，享有滿足、自在與超然的喜悅，生命將呈現活力，生活成為一種祝福（Blessing），一種歡慶（Celebration）。每一個片刻都感受自發的喜悅，驚訝於存在的神奇，感恩於大地的賜與。如是的喜悅是為靈性（Spirituality）。

Diane Ackerman 說，人們的生活中，已經失去了靈性——一種隸屬於大自然奧祕的歸屬感，一種面對無限的有限感，一種在強力隱形力量之前，自覺渺小的感受；我們再也不關心如同情、利他、寬宥和仁慈這類更崇高的價值。其實不信奉神明未必就意味著拋開神聖的感受及相關的價值，人類渴望靈性是非常自

然的。

　　愛因斯坦認為人們應以開放的態度融入宇宙,不應受限於狹隘觀念的牢籠:

　　人類是我們所謂宇宙的一部分,受限於時間與空間。認為人類對自我體驗、思想與感覺,是與其他人完全獨立,是意識的一種光學錯覺。對我們而言,這種錯覺是一種牢籠,使我們受限於個人的慾望以及對最親近的一些人的感情。我們的任務是釋放被禁錮的自己,擴大我們的同情心,擁抱所有的眾生,以及美麗事物的完整本質。

　　臨濟禪師臨終的時候,幾千個門徒聚在一起要聽他最後的講道。但是臨濟只是躺下來,輕鬆快樂地微笑,一句話也沒說。

　　眼看他即將過世,却一句話也沒說。旁邊的一位老朋友非常著急,說:「大師,你是不是把最後的遺言給忘了啊!?請你快說吧,一大堆門徒正著急等著呢!」

　　臨濟說:「聽著!」剛好屋頂上有兩隻松鼠跑來跑去,吱吱地叫,玩得不亦樂乎。

　　「多美啊！」臨濟面帶微笑地離開人間。沒有醫護人員在身旁急救。

	運作中心	心智訓練	轉識成智	法印
前五識	下視丘 （生命力）	禪與放下 （不執著）	成所作智	諸行無常 諸受是苦
第六識	前額葉 （專注力）	禪與放下 （不執著）	妙觀察智	諸法無我
第七識	松果體 （直覺力）	友善與超越 （不對立）	平等性智	於不二境
第八識		喜悅與歡慶 （圓融）	大圓鏡智	涅槃寂靜

第 **8** 章

量子轉識・轉識成智

8-1　量子意識

2020 年諾貝爾物理學獎得主英國羅傑彭羅斯（Sir Roger Penrose）與美國麻醉學家和心理學教授史都華哈默洛夫（Dr. Stuart Hameroff）提出量子與意識的關係，意識是腦神經元微管中量子重力效應的結果，稱之為：**協調客觀還原**（ Orchestrated objective reduction，簡稱 Orch OR）理論。在腦神經突處的神經元微管裡會產生，可能與意識有關的量子坍塌現象。（參看第五章 5-4）

現在科學的發展，尤其是量子物理的出現，證實了光子的波粒二象性，也不斷找出構成宇宙的基本量子（最基本不可分割的，如電子、光子、夸克、玻色子…等）。這些量子具備有糾纏、疊加、坍塌和穿隧的現象。2022 年諾貝爾得獎的三位科學家也證實了量子糾纏現

象。這是與東方「天人合一」的文明不謀而合。

　　然而，在 2500 年前東方的老子（道家）和印度的釋迦摩尼（佛陀）卻透過修行和禪定的方式，找出一套修行「禪定止觀」的方法，達到「離苦得樂」的境界（稱之成佛）。這套方法最後發展成為佛法的唯識學派。

　　唯識學裡將意識分為八種，前面六種為顯意識，後面兩種（第七、第八意識）為潛意識，運用唯識學派的方法，可以轉變人的心念，達到「離苦得樂」。

8-2　量子基態

如何轉化心念，離開情緒煩惱而得到快樂呢？

佛法唯識學講到，在我們第八意識的資料庫裡，儲存有情眾生多劫以來，所思、所說、所作的無量業識種子，當外界因緣成熟的時候，就會「起惑造業」，升起煩惱造作惡業，是說過去種種會影響現在；或者眾生因為現在體悟到當下的痛苦煩惱，而不斷地造作善業、惡業、無記業等業行，反過來增長到第八識業識種子的資料庫裡。我們要想轉化心念、意識，就要運用這個原理。也就是清理資料庫裡的業識種子，將情緒煩惱的心念，轉化成為喜悅快樂的心念。

<table>
<tr>
<td align="center">凡夫狀態</td>
<td align="center">疊加狀態</td>
<td align="center">聖賢狀態</td>
</tr>
<tr>
<td align="center"></td>
<td align="center"></td>
<td align="center"></td>
</tr>
</table>

量子紊態

量子基態

量子穩態

色法：粒子不純淨
（雜染）
心法：波動不穩定
（煩惱執著）

色心二法，組成生命
煩惱執著，色心紊亂
受限三界，生死輪迴

粒子＋波動
色法：粒子組成物質
心法：波動表現能量
（提升能量頻率）

核子蘊藏巨大能量
量子糾纏超越時空
（法性／覺性）

色法：粒子純淨
（清淨）
心法：波動穩定
（平等）
（高頻率共振）

禪定智慧，斷除惑業
色心穩定，清淨平等
超脫三界，涅槃解脫

眾生煩惱執著
（遍計所執相）

量子本來純淨
（依他起相）

諸佛清淨平等
（圓成實相）

8-3 轉念、轉識、轉依

　　如果要想迅速地轉化心念，並讓身心保持在喜悅快樂的狀態，必須運用「轉念」、「轉識」、再「轉依」這三個步驟，不但能快速轉化心念，而且整體身心都能迅速達到平衡，有如微觀粒子世界中的量子坍塌效應，心念、意識迅速而全體的轉變，並形成身體的記憶，稱之為「量子轉識」。

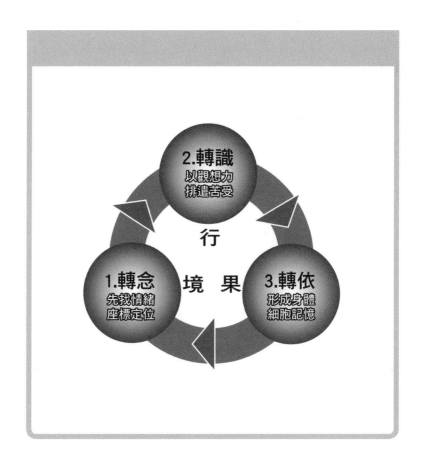

8-4　禪定止觀（呼吸法門）

　　羅傑彭羅斯的量子意識說法，前面已經提過，假如從人類的腦波、情緒、行為科學的角度來看，在佛法的「解深密經」裡談到很多修行的實務，例如禪定止觀法門，我們可以從「止禪」的專一和「觀禪」的放空切入。

　　首先，先做轉念呼吸，讓自律神經能夠平衡，是心念快速能靜下來。在運用情緒調控方法，從情緒座標（如圖）找到當下情緒的定位，從而將念頭從情緒作用中，轉移出來。

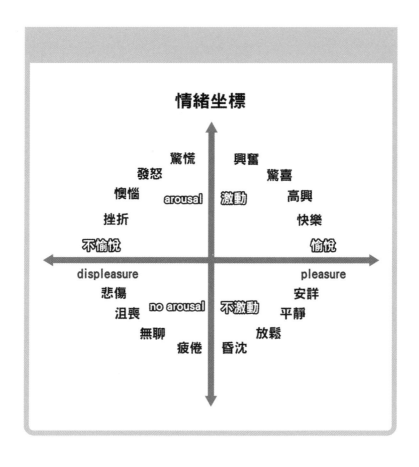

其次，觀想呼吸，吸氣時清淨能量進入體內，呼氣時想像情緒排出體外，消融於無形。覺知快樂，從呼吸的身體動作，覺知生滅無常，體會煩惱終將消除。覺知不生不滅的真常，體會快樂終將到來。

前者叫做「止禪」用來實行「轉念」，能讓自己的心念快速冷靜。後者稱之「觀禪」，能達到「轉識」的效果，不斷地提升智慧。

觀想呼吸的方法，可採用「數息觀」或「隨息觀」。數息觀是將心念專注在呼吸的動作上，注意呼吸的出入息，一呼一吸數一，從一數到十，再從十數到一，數息時知息長，知息短，專注而清楚。

隨息觀則是單純地注意呼吸的出入息，不再數數字，讓專注力及覺知力更加穩定而清楚。

從呼吸的身體動作，觀察吸氣及呼氣的換氣瞬間，吸氣滅而呼氣生，正在生滅變化中；觀照這種呼吸的生滅現象，就是發生在自己身上的無常。進一步去體會煩惱也是一種無常現象，體會身體也會消失。想像情緒壓力及憂悲苦惱終將消除，就能得到紓解情

緒的快樂。

　　另外，觀察吸氣及呼氣的相續不斷，呼吸持續地進行，正是一種不生不滅的狀態，體會這種發生在自己身上不生不滅的「真常」，想像清靜快樂終將到來，就會產生無恐懼且安心的清靜快樂。

　　不斷地練習以「止禪」來「轉念」，以「觀禪」來「轉識」。運用唯識教理中，心意識轉換秘密善巧的作用，以觀想的想像能力，紓緩外界情緒造成的壓力，來覺知舒壓的快樂；也紓緩內心恐懼老化的壓力，來覺知心安的快樂。不斷練習就會形成身體的記憶，遇到憂悲苦惱，就真的可以轉念及轉識；完成心意識的轉化及淨化，最終達到五蘊身心的轉變──轉依，徹底獲得究竟的清淨快樂。（如圖）

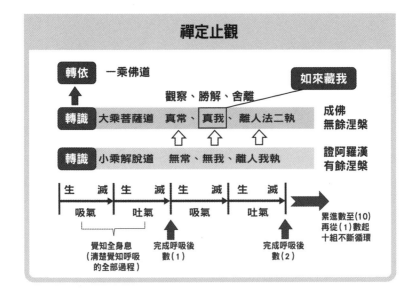

8-5　律動與心流

　　除了禪定止觀外，律動也是產生喜悅是一種心流（Flow），大腦產生腦內腓（Endorphins）和多巴胺（dopamine），讓身心達到平衡、和諧及快樂。唱歌加上律動是很好的方法，讓身體隨著韻律自然的動起來，有點像自發動功的氣動，達到和諧狀態，對身體的健康有很大幫助！（如圖：陳醫師榮星花園的律動）

8-6　轉識成智

運用唯識教理的「止觀」方法，以「止禪」來實行轉念，並以「觀禪」來達成轉識，除了可以消融情緒壓力及焦慮憂愁外，若不斷地練習，還可以練習覺知內外環境的敏感度，讓第六識轉向「妙觀察智」；練習用同理心放低身段去待人接物，讓第七識轉向「平等性智」；練習消除任何對立和衝突，讓第八識轉向「大圓鏡智」。

由於所有的行為都是意識所展現的，只要我們願意開始將心意識，安放在清淨無執著的狀態，就已經開始在轉變了，能不能夠「成淨、成智」只是時間早

晚的問題！

　　大家對「轉識」會覺得很困難，主要是因為對「唯識」的原理不熟悉，並且對轉化的禪修方法不熟練，而認為很難達到「轉識成智」。

　　其實，轉識成智可以循序漸進地在生活中練習，採取的練習步驟可先轉化表層意識（即第六識），再轉化深層意識（即第七識、第八識）。

　　由淺而深，由粗而細地逐步轉變淨化。先轉化表層意識，再淨化深層意識，才能將全體心意識都轉化成功。整體的八識都淨化成功，五蘊身心徹底清靜了，就達成「轉依」。

　　心意識轉變，從轉念做起，紓解自己的情緒煩惱，得到舒壓放鬆的快樂，進而轉識提升自己的智慧，得到喜悅輕安的快樂，以智慧力淨化自己依持的五蘊身心，稱為轉依，得到清淨解脫的究竟快樂，也就是成佛，法喜充滿，禪悅為食。

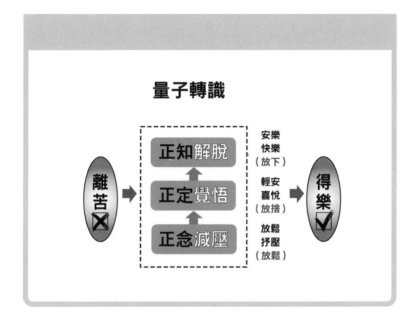

8-7 戒定慧三學

　　這些老科學和醫學的理論和實務，可與佛陀在 2500 年前所講的「解深密經」做一個結合。希望在現在緊張忙碌的社會裡，可以幫助大家來舒壓、減壓開始進一步達到身心穩定（禪定），最終可以達到智慧，斷煩惱。它是從正念、正定、正知到解脫。這也就是戒、定、慧三學。

　　增上戒學達到正念效果，有正念才會沒有憂鬱、躁鬱，我們才能活得下去，要活得好身心要穩定，才會健康，所以要有正定；活的好還要活得有意義，就要有智慧，這就是戒定慧三學，雖然整個佛教是兩千

多年來這麼久的傳統，對現在社會依然有他實質的需要，不管大家目標是不是要去開悟解脫，若我們能修習、持戒、禪定、智慧，就可以舒壓、減壓，就能活得快樂幸福。修習、禪定止觀能活得健康，活得身心穩定，最後活得有智慧，活出人生的意義，希望跟現在生活能夠去結合。

　　禪定的境界，並非修行人專屬，而是每個人當下都能擁有的一種平靜心情，一種精神專注集中所產生的定境，所以不一定要終日坐禪才有所得，日常生活中隨時隨地都可以修行。

　　修習「禪定」能夠達到轉化深層意識（第七、第八意識），是單獨修習的，不受前五意識俱起的影響，稱之「獨頭」，又叫「獨意識」，或是「定中獨頭」。佛法告訴我們轉化深層意識用「定中獨頭」。

　　若我們有禪定功夫的話，可應用禪定功夫作為轉化和進化我們的深層意識。

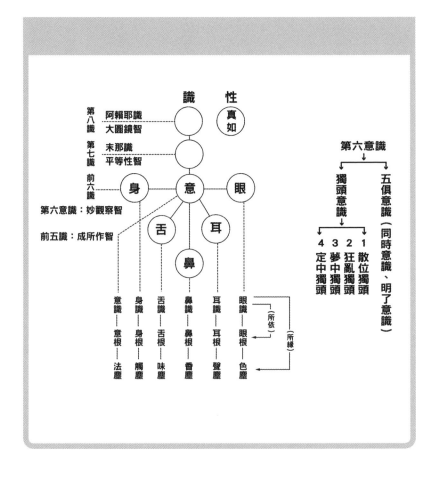

　　在佛法的唯識學派，修行要能做到「轉識成智」，到達「大圓鏡智」生活的境地。科學的量子物理證實了，微觀世界裡的量子現象跟意識有關。

　　2020 年諾貝爾獎得主羅傑彭羅斯就提出這樣的說法，雖然有些科學家不認同他的看法。然而，從身體科學、行為科學和修行的法門來看，有很多相互可取之處。理解或應用在**人生修行的功課**，相信會有很大的助益。

頭腦‧意識‧佛：量子轉識的科學

作　　　者／陳慕純　孫崇發
發　行　人／張寶琴

總　編　輯／周昭翡
主　　　編／蕭仁豪
資 深 編 輯／林劭璜
編　　　輯／劉倍佐
特 約 編 輯／潘劭真
資 深 美 編／戴榮芝
內 頁 製 圖／程玲俐　陳芳葵　王旭易
業務部總經理／李文吉
發 行 助 理／詹益炫
財　務　部／趙玉瑩　韋秀英
人事行政組／李懷瑩
版 權 管 理／蕭仁豪
法 律 顧 問／理律法律事務所
　　　　　　陳長文律師、蔣大中律師

出　版　者／聯合文學出版社股份有限公司
地　　　址／臺北市基隆路一段178號10樓
電　　　話／（02）27666759轉5107
傳　　　真／（02）27567914
郵 撥 帳 號／17623526 聯合文學出版社股份有限公司
登　記　證／行政院新聞局局版臺業字第6109號
網　　　址／http://unitas.udngroup.com.tw
　　　　　　E-mail:unitas@udngroup.com.tw

印　刷　廠／沐春行銷創意有限公司
總　經　銷／聯合發行股份有限公司
地　　　址／231新北市新店區寶橋路235巷6弄6號2樓
電　　　話／（02）29178022

出 版 日 期／2024年11月　　　初版
定　　　價／350元

ISBN　978-986-323-646-7（平裝）　　　（本書如有缺頁、破損、裝幀錯誤，請寄回調換）

國家圖書館出版品預行編目資料

頭腦‧意識‧佛：量子轉識的科學
/陳慕純、孫崇發著.
-- 初版 . -- 臺北市：聯合文學, 2024.11
176 面；14.8x21 公分 . --（健康生活；44）

ISBN 978-986-323-646-7（平裝）

1.CST: 意識 2.CST: 腦部 3.CST: 神經學 4.CST: 佛教

176.9   113016088